成长的觉醒

影响超7000万书友的领读人

樊登 著

深圳报业集团出版社
SHENZHEN NEWS GROUP PUBLISHING HOUSE

总策划：

丁时照

出品人：

龙建涛　刘万专　刘悠扬

责任编辑：

钟婷　吴萌

校对：

杨杰　王正尧　廖安妮

装帧设计：

WONDERLAND Book design
仙境 QQ:344581934

图书在版编目（CIP）数据

成长的觉醒 / 樊登著. -- 深圳：深圳报业集团出版社，2024.10（2024.12重印）. -- ISBN 978-7-80774-105-3

Ⅰ．G78

中国国家版本馆 CIP 数据核字第 2024QD6146 号

成长的觉醒
CHENGZHANG DE JUEXING

樊登 / 著

深圳报业集团出版社出版发行
（深圳市福田区商报路2号　518034）
天津中印联印务有限公司印制
新华书店经销

开本：880mm×1230mm 1/32
字数：210千字
版次：2024年10月第1版
印次：2024年12月第2次印刷
印张：8
ISBN 978-7-80774-105-3
定价：69.00元

深报版图书版权所有，侵权必究。
深报版图书凡是有印装质量问题，请随时与承印厂联系调换。

自序

这些年来，我一直在思考孩子养育及青春期成长中的核心问题及解决之道；我一直在问自己："孩子成长过程中出现的各种问题是孩子自身的原因吗？这其中，父母的因素到底占到多少？""亲子关系难道不是家庭关系中最重要的那一部分吗？"我们都知道一个孩子健康成长的前提就是和睦的家庭和和谐的亲子关系。

这本书将直击养育和亲子关系的核心深处——孩子成长过程中行为的科学机理和相应的解决方法：

- 孩子的行为（好的或坏的）为什么在某一个时间会出现令人喜出望外或瞠目结舌的"拐点"？——因为"幂次法则"在起作用。
- 孩子为什么会打游戏上瘾或对手机迷恋？——长期不分泌多巴胺的大脑在尝试"自救"的一种替代补救措施。
- 自驱型孩子的成长为什么与前额叶皮质的健康发育有如此密切的关系？为什么一味地吼叫、打骂、指责有百害而无一利？

一旦家长们了解了这些行为背后的科学机理，那些看似难解的教养难题似乎就迎刃而解了。或者，当你再遇到那样的问题，就会试着去了解行为背后的深层原因,心平气和地了解孩子的内心并与孩子一起解决成长道路上的难题和阻碍……

是的,从某种程度上说,孩子的成长就是我们家长自己的成长;家长的认知可以极大地提升孩子的认知。在阅读本书的过程中,你会不断体验到教养的高光时刻——那一次次的共同觉醒,将照亮家庭与孩子成长的前程,将成为孩子未来成年生活中的温馨记忆和战胜挫折的无尽精神资源……

在孩子成长的旅途中,每一位父母都是他们最亲密的伙伴和引导者。养育孩子不是一场权力的较量,而是心与心的交流和沟通。在这个快节奏、高压力的时代,家长们常常不自觉地将焦虑和紧张传递给孩子。要知道,养育的真谛是无条件的爱,教育的本质不是管制、不是设定,而是引导和塑造!

自我的上一本家教专著《陪孩子终身成长》出版以来,无数读者和粉丝给我留言、评论,在现场和直播场合也有许多焦虑的家长提出各种各样的问题,这本书是我这几年的最新思考成果和对一直支持我的家长们的回馈。书中的章节盘点了养育及青春期成长中的关键问题,并梳理了行为背后的科学机理及切实有效的应对方法,还特别在每章后面提炼出场景应用的技巧和要点,以便家长们参考。

让我们踏上孩子与父母的共同觉醒之旅和认知提升之旅,你会发现这一旅程美妙无比且快乐富足!

帆书 APP 创始人:樊登

目录

第 1 章 何以成长：孩子成长的幂次法则

01

成长中的幂次法则 /003

聪明的父母，带给孩子健康的头脑 /009

适当"放手"，孩子才能主动成长 /015

成长之路上，请允许错误发生 /021

场景应用 /026

第 2 章 了解脑科学，帮孩子实现跨越式成长

02

理解孩子，从认识大脑开始 /033

教育的真谛是鼓励，而不是纠正 /038

别让压力夺走孩子对生活的掌控感 /044

用求知之乐唤醒孩子的学习动力 /049

场景应用 /053

03 第 3 章　情感引导帮孩子塑造行为

塑造孩子行为的核心是无条件的爱　/059

父母的语言，会影响孩子的一生　/067

孩子做对事的时候，才是教育的好机会　/073

为内向的孩子上好社交第一课　/077

场景应用　/084

04 第 4 章　情绪管理：做情绪独立的父母

先有轻松的父母，才有自在的孩子　/089

学会情绪独立，孩子就不会负重前行　/094

不扫兴的父母，是孩子的快乐源泉　/099

别让恐吓成为孩子安全感的"杀手"　/104

场景应用　/109

05 第 5 章　读懂青春期，做好教练式的陪伴

如何教育青春期的孩子　/115

没有被温柔相待的孩子更容易叛逆　/120

如何应对孩子青春期的挑战　/125

给予孩子向校园霸凌说"不"的勇气　/132

场景应用　/138

第 6 章 养育是一个系统工程

06

孩子的成长是独一无二的复杂体系 /145

父母的认知水平决定孩子的起跑线 /149

让孩子学会自驱型成长 /154

塑造孩子的自尊体系 /159

培养孩子的终身成长型心态 /164

超越自卑，用爱与价值感培养孩子的自信心 /169

场景应用 /174

第 7 章 孩子的成长，父母的觉醒

07

真正的管教，是在"管"与"放"之间找到平衡 /181

父母是孩子的一面镜子 /184

面对自己的人生，启发孩子独立起来 /188

最好的养育，是与孩子一起学会终身成长 /193

场景应用 /198

第 8 章 成长的觉醒

08

成长觉醒关键词：早恋 /203

成长觉醒关键词：素质提升 /206

成长觉醒关键词：亲子关系 /210

成长觉醒关键词：教养分歧 /214

成长觉醒关键词：电子产品　/217

成长觉醒关键词：网络危害　/222

成长觉醒关键词：校园社交　/224

成长觉醒关键词：多子女家庭　/228

成长觉醒关键词：青春期叛逆　/231

成长觉醒关键词：养育焦虑　/234

成长觉醒关键词：价值观　/236

成长觉醒关键词：学习辅导　/239

参考文献　/243

01

第 1 章
何以成长：孩子成长的幂次法则

为孩子提供一个充满爱和支持的环境，尊重孩子的天性，适当放手，让孩子有机会自主成长，发展自己的兴趣和能力，实现幂次成长。

成长中的幂次法则

最近在直播间里,经常有家长问我:"我的孩子为什么突然不爱学习了?"

每次被问到这个问题时,我都会追问他们:"你们在孩子写作业时会吼他们吗?"无一例外,答案都是肯定的。

家长们纷纷表示,孩子上小学的时候自己就开始吼他,一吼他成绩就上升,不吼他成绩就下降。但是自从孩子上了中学之后,这一招就开始不管用了。

这背后的原因是什么?

小学的知识相对简单,即使孩子在令人不快的氛围中学习,也能取得较好的成绩。但在这期间,孩子的大脑受到了大量的伤害,积累了大量肾上腺素和皮质醇,即使被骂后成绩变好了,也只是假象。

当孩子进入中学，所接触的知识难度增大了，他们的压力便会超负荷。他们开始表现得对作业、复习、考试等一切与学习相关的事情十分厌烦，家长的打骂从此便失效了。

所以，没有一个孩子是"突然不爱学习"的。在这之前，他们一直努力达到父母的要求、让父母满意，于是大脑不断平衡压力，努力去解决学习的困难。不过，现在这些压力已经突破孩子所能承受的阈值了。

这就是孩子成长中最常见的幂次法则。

幂次法则是一种指数型的增长状态，可以表示为一条曲线，其特征是前期增长速度相对缓慢，但随着时间的积累突破阈值后，迎来"拐点"，迅猛增长。这一法则用数学公式表示，就是 $Y=X^n$。

我们看不到曲线拐弯的那一刻，以为它是突然发生的，但事实上这是长期累积、终于突破了阈值的表现。幂次法则的典型效应就是让你一直看不出来，觉得一切都很正常，但一旦出现问题，就是断崖式的，想挽回已经来不及了。

想象一下，一张厚 0.1 毫米的纸反复对折，通常情况下，我们能够把它对折 7 次左右。展开想象，如果对折 50 次，它会有多厚呢？

有些人认为比一层楼还要高，有些人更加大胆，认为比整栋楼都要高。但事实远超大多数人的想象——这张纸如果对折 50 次，厚度远远超过从地球到月球的距离。

这张纸在对折 10 次之内，我们都可以把它放在手中。但是对折超过 10 次之后，它将变厚得越来越快，我们甚至很难意识到它是从什么时候开始脱离我们所能掌控的范围的。

再举一个直观的例子：山里面的竹子在生长初期看起来长得非常缓慢，每天都没有太大变化。但经过一段时间，竹子会迅速长高。孩子也是如此，在 10 岁之前，身体都长得很缓慢；但到了 14~18 岁，孩子们的个子都纷纷向上蹿起来，奔 180cm 的越来越多。

孩子的成长也同理，他们的学习进步在某个时刻看起来很缓慢，但达到某个临界点，变化会突然加速。

然而，很多家长急于求成，"鸡娃"现象屡见不鲜。

我儿子考上了重点中学的重点班，有一次我问他："你们班有没有不学习的孩子？"他说有，那些同学都是小学的时候就考进来的。

后来偶然间我和他们的校长聊到了这件事，校长说确实有这么一回事，那些都是"小 5 班"的孩子，也就是通过小学五年级的选拔考试过来的。这些孩子从五年级就开始为考高中做准备，每天拼了命学习。等选拔通过了，小升初之后就什么都不用愁了，直接等着上高中就可以了。

然而，往往就是这些孩子到了高中就开始"躺平"。考试三四十分都是小事，家长最担心的就是他们是否会抑郁。

我问校长："这种情况是个别现象还是普遍现象？"校长答："'小 5 班'的很多孩子都存在抑郁、焦虑等心理问题。"

仔细想来，这些孩子的家长也许还会疑惑：孩子明明在小学是"天才"级别的苗子，怎么一到高中，状态就一落千丈呢？

这种现象同样可以用幂次法则来解释。这些家长觉得孩子如果一年级不领先，那么六年级就会落后；六年级落后，就上不了好的中学；上不了好的中学，就考不上好大学，那孩子这辈子就完了。因此，这些家长从孩子上小学的时候就在生活中将这种焦虑情绪传递给他们，在学习的过程中不断压榨、逼迫他们。

但这些家长没有意识到的是，孩子"一落千丈"正是他们每一天的催促、打骂和压迫汇集而成的结果。到了高中，孩子的心理阈值被压力冲破，负面情绪占据了大脑。这个时候，心理不崩溃就不错了，又谈什么好成绩呢？

现在大家一定都理解了幂次法则在孩子的成长中有多重要。要知道，这条曲线就像孩子的成长轨迹，除了可以向下跌落，还可以向上突破。

每天少向孩子投射一点愤怒，多给予孩子一些关爱，久而久之，这些正面的影响也会在某一天喷薄而出，浇灌出人格健全、善于学习、充满阳光的孩子。

在突破阈值的时候迎来好的结果，便是每一位家长努力的目标——积极地采取科学、有效的方式为孩子营造愉快的生活氛围，提升孩子的认知水平，专注于孩子每一天的成长。

"冰冻三尺非一日之寒，滴水石穿非一日之功。"当决定"拐点"方向的时机到来时，请准备和孩子一起接住幂次法则结下的累累硕果吧。

核心要点

幂次法则在孩子成长的过程中非常重要,家长应该以积极、关爱的方式支持孩子的成长,以期待在孩子成长的关键节点迎来积极的变化。

1. **打骂式教育**:家长在孩子小学时使用打骂的方式促使孩子学习,虽然短期内看似有效,但长期来看,对孩子的心理健康和学习态度有负面影响。

2. **幂次法则**:通过幂次法则($Y=X^n$)来解释孩子不爱学习的现象——孩子的变化不是突然发生的,而是长期累积的结果。

3. **心理阈值的突破**:孩子在中学阶段会面临更大的学习压力,如果之前长期受到负面教育的影响,他们的心理阈值可能会被突破,导致他们对学习厌烦和抵触。

4. **家长的期望与压力**:家长对孩子的高期望和不断施加的压力可能会导致孩子在达到一定阶段后出现心理问题,如抑郁或焦虑。

5. **教育方式的转变**:建议家长从日常习惯做起,减少对孩子的打骂,多给予关爱和支持,以培养他们健全的人格和积极的学习态度。

6. **正面影响的积累**:好习惯、幸福感和情绪稳定同样可以通过日常的积极行为积累,最终带来正面的爆发式效果。

7. **家长的角色**:家长应该采取科学有效的方式,为孩子营造愉快的生活氛围，关注孩子每天的成长，而不是仅仅关注成绩。

8. 成长的"拐点"：家长应该关注孩子成长的"拐点"，并准备好在关键时刻给予孩子正确的引导和支持。

家长的教育方式对孩子的长期发展有着深远的影响，应该注重培养孩子的内在动力和健康心理，而不是仅仅依靠短期的压力和惩罚促使孩子成长。

聪明的父母，带给孩子健康的头脑

在介绍幂次法则的内容中，我已经讲述了"拐点"是如何形成的。那么，在这个"拐点"处"拐弯"的东西是什么呢？

是孩子头脑的健康程度。

如果我们要使一个孩子成长，最重要的是教他什么？

有的家长说，教他养成良好的学习习惯、作息习惯；有的家长说，教他讲文明、懂礼貌；还有的家长说，教他养成锻炼身体的习惯，再到世界各地去走走，开阔视野。

但是，这些无一不是行为，无一不是外在的表现。

改变行为的本质，是孩子不用动脑子，没有自己的决策，只要家长逼着他干，他就能做到。

相反，关注孩子的大脑而非行为，是在尊重孩子头脑发育的过程。

尊重孩子头脑发育的过程，即允许孩子的头脑有足够的可变性。有些专家说，一个人最稀缺的能力是专注力。但在我看来，我们最稀缺的能力是好奇心和创造力。

孩子的头脑蕴藏着巨大的能量，隐藏着各种各样的可能性。如果我们过早地训练孩子手背后、上课不许发言，在这种施压下，孩子的头脑就会变得越来越固定化，精神也会越来越紧绷。

几乎没有孩子在小时候可以打得过家长，只要你对他凶一点，他就能听话。可以说，在这个阶段，大部分家长都不会觉得这样的状态有什么问题。

我表妹曾谈起过，她的孩子天不怕地不怕，就怕她这个当妈的。孩子在家里特别闹腾，连外公、外婆都敢欺负，但是只要自己一回家，孩子立马变得乖乖的，甚至有的时候还谄媚地给自己拿拖鞋。

表妹在谈起这件事的时候，显然很骄傲，因为她觉得自己能"镇得住"孩子。

我听了这个故事，看了她的反应，立马就着急了起来。我对她说，照你这个管法，别看孩子现在怕你，以后也许伤害你伤得最重。

一个孩子小时候就逆来顺受，不是一件好事情。孩子在家长的施压下变得听话的过程就是他的头脑积累压力的过程。一个人的行为被操控，那么他就会像一个提线木偶一样。在这种情况下，孩子很难不会崩溃、发疯。

评判一个孩子是否健康，要看他的脑子，而不是行为。孩子是否热情、是否开心、是否有探索欲、是否爱家人和这个世界，是他大脑是否健康的重要指标。

有的父母会问：不让我们管孩子看得见的行为，却让我们关注孩子看不见的脑子，我们到底应该怎么做？

首先，我们要判断孩子的脑子是否健康。一个健康的头脑可以随时随地专心致志地做一件事情。

比如，孩子要研究一道很难的数学题。头脑健康的孩子可以专心致志地钻研，直到把这道题的答案解出来；而头脑不健康的孩子会在解题的过程中胡思乱想——"我真笨""我完蛋了""我不适合学数学""为什么不让我玩手机"……

有些孩子会保持这个状态一直到考上大学，如果在这个时期，家长还是没能关注到他的头脑压力，孩子的抗压能力便会达到阈值，甚至在这时会做出自残的行为。

那么，作为家长，我们应该怎样避免这种情况发生，滋养孩子的大脑呢？

我在讲《儿童自然法则》这本书时提到，我希望每一位家长都能意识到，教育不是父母板起脸孔跟孩子说话，让孩子害怕自己。日常生活的方方面面都对孩子有教育意义，他们的大脑在日常生活中在不断地构建连接。

有很多父母经常会说："我的孩子很不听话，我希望他能乖一点。"但是，当一个孩子真正变"乖"了，很可能代表他的智力发展停滞了，代表他什么都不敢做了。

所以，过度管孩子，真的会把孩子的头脑管"坏"。

我曾在《孩子天生爱学习》中举过这样一个例子：

教育家塞利娜发现，法国每年有40%的小学生考试不及格，她想要解决这个问题。于是在2009年的时候，她自己找了一所幼儿园，向法国教育部申请了一个课题，做一个试点班。

试点班所选择的位置，不是在富人区或者其他物质条件很好的地方，而是一个教育力量薄弱的地方。这里的孩子家长都不太管孩子，都忙着打工赚钱。她把班级改造了一下，经过实验，这个试点班学生的成绩得到了大幅提高，班级氛围非常轻松愉快，班上同学的关系都特别好。

在这个故事里，影响孩子成绩和心情的最重要因素是什么？很简单，是孩子是否能承受父母高压下的管教。

一个孩子是否能管好自己，取决于前额叶皮质的发育情况。如果家长整天骂孩子，那么他的前额叶皮质就不会发育，自控力便会降低。

因此，承受压力的孩子往往无法具备理智和自律性，甚至会缺乏想象力和对艺术的感知力。减轻压力对孩子的影响，为孩子提供轻松愉快的学习、生活氛围，才是滋养孩子大脑的最佳方法。

我相信，任何一位家长都没有办法把孩子塑造成一个无懈可击的完美学霸。正确的做法是把孩子当作一个普通人，让他产生内在的动力，让他爱自己、爱社会，让他对生活充满无限好奇，爱上探索，遇到了挫折能够自己解决。

回到我们在前文提到的幂次法则，这时的孩子，一定能爆发强大的学习力、幸福感。到了这个时候，父母将会发现，自己需要做的，只是把自己的内心调理得更顺畅、更健康，这会反过来给孩子的人格和头脑带来正向影响。

在本节的最后，我想再给各位家长来一颗"定心丸"。

有些家长会问，我已经管了孩子这么多年，经常对他施加压力，孩子会不会从此就低沉下去？

我希望所有的家长都摒弃这样的焦虑。因为，即使父母的很多管教行为是错的，若及时改正自己的管教方法，孩子仍有可能逐渐健康成长。一个孩子的生命力强大到超乎我们的想象，在年少时和家里人吵架、闹别扭，不代表他永远都会维持这个状态，他们仍能够在家长的影响下热爱生活、茁壮成长。

所以，我们要对孩子有信心。

如果你能够做出改变，那么"拐点"的转向也许就发生在下一秒。

核心要点

家长在教育孩子时，应关注孩子大脑的健康发展而非仅关注外在行为，通过减轻压力、提供支持和鼓励，培养孩子的好奇心和创造力，从而在孩子的成长过程中实现积极的"拐点"变化。

1. **教育的真正目标**：教育不仅仅是教孩子养成良好的学习习惯和行为，更重要的是关注孩子的大脑健康和内在发展。

2. **孩子行为背后的心理**：孩子的行为是外在表现，而改变行为的本质在于培养孩子的自主决策能力和内在动力。

3. **好奇心和创造力**：孩子头脑中最宝贵的是好奇心和创造力，这些能力比专注力更为稀缺和重要。

4. **避免过度管教**：过度管教会导致孩子的头脑变得固定化、精神紧绷，甚至可能导致孩子出现心理问题。

5. **家长的角色**：家长应该避免成为孩子行为的操控者，而是成为孩子大脑健康发展的支持者。

6. **孩子心理健康指标**：评判孩子是否健康，应该看他们是否热情、开心、有探索欲和对世界有爱。

7. **压力对大脑的影响**：家长应该意识到高压管教会对孩子的大脑造成负面影响，包括减少想象力和艺术感知力。

8. **改变教育方法**：即使家长过去使用了错误的管教方法，若及时改正，孩子仍有可能健康成长。

9. **家长的自我调理**：家长应该调理自己的内心，以给孩子的人格和大脑带来正向影响。

10. **对孩子保持信心**：家长应该对孩子有信心，相信他们有强大的生命力和恢复能力。

家长在教育孩子时应该关注孩子的心理和大脑健康，避免过度管教，通过自我调理和改变教育方法来促进孩子的全面发展。

适当"放手",孩子才能主动成长

最近,我发了一条朋友圈,触动了很多人。这条朋友圈的内容是一个孩子的一条留言。

他提到,他妈妈不让自己碰手机,说玩手机会上瘾,每次拿起手机,都会被阻止。但是,他只是想玩会儿手机放松一下而已,并且认为自己有足够的自控力。上了中学以后,就算他短暂地休息一下,妈妈也会责怪他为什么不把这时间用来背单词。于是,他在学习机上偷偷下载了帆书 App,希望在这里能够找到理解自己的人。

看了这条留言之后,我感觉很心酸,便给他回复了很长一段话。我对他说,我们都能理解被管束过严的痛苦感觉,好在他能读书,能自救。

在现在这个时代,不使用手机几乎是一件不可能的事。因此,许多家长如履薄冰，时刻监控着孩子。

一个孩子如果总是被骂、被控制，总是被威逼利诱，那么他一定会特别迷恋手机，迷恋到有一分钟就玩一分钟，根本停不下来。就算父母把手机没收、设置密码，他也一定会想办法弄到手机。比如，有的孩子每天晚上睡觉前喝一大杯水，半夜3点被憋醒，玩上两个小时手机再睡觉。这个时候，家长也许还在对自己的手机管控方法沾沾自喜。

我还发现，被家长管得特别严的孩子，要么特别喜欢喝可乐，要么买起鞋子来没有节制，或是有其他的成瘾行为。

这背后的原因是什么？

家长管教的那只"手"，抓得太紧了。

在家长的强行管教下，孩子的大脑没有办法正常分泌多巴胺、内啡肽等。要知道，这些物质能够让孩子产生快乐的情绪。孩子感觉不到快乐，就只能依靠外部的刺激让自己感觉到还活着。

我们再次回到幂次法则。孩子所承受的压力和行为表现并非呈简单的线性关系，而是存在一个临界点，一旦压力超过这个点，孩子可能会突然出现负面的情绪和行为变化。

更直观一些，孩子的头脑承受力就像快要烧开的水，90℃时看起来和常温水没什么两样，但如果某一天，他承受不住这种高压的生活，就会像100℃的水一样，猛地沸腾起来。

为了避免这样的情况，家长应该如何去做呢？

适当"放手",孩子才能主动成长。

揠苗助长的故事大家一定都不陌生。养育孩子就和照顾植物一样,要尊重他的天性,让他从力所能及、能够学到的东西开始学习,让他获得尊严感、成就感,这样孩子就会更加热爱生活、热爱学习。

我曾推荐过一本书,书名叫《园丁与木匠》。

做父母,就像在园子里种花,要为孩子提供一个营养丰富、充满爱、稳定的环境,来滋养整个生态系统,使得各式各样的鲜花茁壮成长,让具有不同性格特色的孩子们自己创造有无限可能的未来。

我们可以把家长分为"木匠型"和"园丁型"。

木匠型家长教育孩子的过程是把孩子当成一块木头,每天不停地锯,锯成自己想要的样子。到最后,家长往往特别累,孩子也非常痛苦。这样的家长把孩子变成了一个东西,这个东西的作用只有一个,就是高考。

而园丁型家长教育孩子的状态像在阳光下浇花,大部分时间用来喝喝茶,有杂草的时候动手除一下,整个过程轻松而愉快。

我曾提到,在幂次法则里,孩子的成长会出现断崖式的变化。不论是园丁型家长还是木匠型家长,他们所做的一切在"拐点"之前都在不断积累、叠加。但是,孩子的大脑健康程度,也就是曲线"拐弯"的方向截然不同。

我儿子嘟嘟上五年级的时候,每天晚上有大量的时间跟我玩。我们在家里打棒球、打扑克,有的时候还看漫威。他对漫威可以说是了如指掌,甚至读完了一本很厚的关于漫威的书,要知道,那本书实际上是给大人看的。

嘟嘟每天回到家后,最多用十几分钟就能写完作业,基本上我给他签个字就完事了。家里没有人辅导他的作业,更没有人要求他的分数一定要考得多高。但是他的学习成绩一直很好,从来不用我们费劲儿、操心。

有些家长肯定会疑惑:"我家孩子不管他,也能变得优秀吗?"

优秀可不是"管"出来的,如果能把孩子内心的力量调动起来,让他自己主动去成长,他就会自发地想成为一个优秀的人。

嘟嘟听完我讲的《爱因斯坦传》后,为自己设立了目标——去加州理工学院求学。他问我:"爸爸,我该怎么做,才可以成为一个理论物理学家?"

我对他说:"这件事非常艰难,但如果你想要成为理论物理学家的话,爸爸愿意支持你。"

我明确地知道,他将来并不一定会成为一个理论物理学家,我也不会逼迫他选择某个职业。我在乎的,是他的内心有变得优秀的动力。

我能够预见,这条曲线的"拐弯",一定是朝着正确的方向。

就像我在《陪孩子终身成长》中提到的,父母应该承担的责任,是让孩子对自己无条件地信任、无条件地依赖,这一切的前提是你对他无条件的爱。这种爱里面不存在交换,不存在恐吓,更不存在威胁。

不管教,也是一种勇气;"少",也是一种智慧。

核心要点

家长在教育孩子时应适当"放手",尊重孩子的兴趣和天性,避免过度控制导致孩子产生逆反心理或成瘾行为。

1. **理解孩子的需求**:孩子使用手机可能只是为了放松,家长应该理解这一点,而不是一味禁止。

2. **适度放手**:家长应该学会适当放手,让孩子有机会自我管理和成长,而不是过度控制。

3. **避免极端管教**:过度的管教可能导致孩子产生逆反心理,甚至出现其他成瘾行为。

4. **快乐的重要性**:孩子需要感受到快乐,家长的严格管教可能会影响孩子的情绪和心理健康。

5. **幂次法则与临界点**:孩子的压力和行为表现不是线性关系,而是存在一个临界点,压力超过这个点可能导致孩子情绪或行为产生剧烈变化。

6. **园丁型与木匠型家长**:园丁型家长为孩子提供爱和稳定的环境,让他们自由成长;而木匠型家长则试图"制造"孩子,让他成为自己想要的样子。

7. **孩子自主的重要性**:孩子如果能够自我驱动,他们更有可能成为优秀的人。

8. **无条件的爱与信任**:父母应该给予孩子无条件的爱和信任,这是孩子健康成长的基石。

9. 家长的角色：家长的责任是支持孩子，让他们有动力去追求自己的目标，而不是强迫他们走特定的道路。

10. 教育的智慧：少一些干预，多一些信任，反而是一种更有效的教育方式。

家长应该为孩子提供一个充满爱和支持的环境，尊重孩子的天性，适当放手，让孩子有机会自主成长，发展自己的兴趣和能力。

成长之路上，请允许错误发生

你是一位"眼里揉不得沙子"的家长吗？

在很多家庭里，只要孩子一犯错，父母就开始"轮番上阵"："我怎么跟你说的？不要这样做！""我强调过多少次了，这是不对的！""你怎么就是不长记性！"

人非圣贤，孰能无过？这样的家长，企图养育出一个完美的孩子，而不是一个正常的孩子。

我一直强调一个概念，叫作"犯错的重要性"，就是不怕犯错、不怕挑战。但是我们可以发现，大多数孩子都惧怕犯错，他们恐惧的是自己的小红花因此消失，恐惧父母生气。

在公司里，我特别鼓励大家犯"无知的错误"。

什么叫无知的错误？就是这件事因为我不会，所以我把它搞错了。这个过程的本质，就是学习。

孩子小时候之所以能够学会走路，是因为他们不怕摔跤；孩子能够学会说话，是因为他们不怕说错话。但是当孩子上了中学，他们发现自己不敢犯错了。做错了题、考试考差了，或者做一些其他小事时失误，都会被辱骂。

长此以往，结果是什么？孩子会以同样的标准严格要求自己，不断苛责自己。

很多孩子学习无法进步，是因为他们总是以这些话来审判自己："我为什么记不住？""我怎么又把这个知识点忘了？""我是不是脑子有病？"他们时常觉得自己的记忆力有问题，学不会新知识，在重要的考试中无法取得好成绩。

读到这里，我们再把这个情景与幂次法则结合起来看，相信你一定能够预料到结果。表面的认真、刻苦只是假象，某一天爆发的也许就是不可挽回的自暴自弃。

在孩子成长的过程中，我们要学会接纳他们的不完美。

有一次，我儿子嘟嘟放学回来，满脸忧愁。我问他为什么不高兴，他说今天语文考试写错了一个字。

我有些疑惑，问他写错了什么字。

嘟嘟说："樊登的'登'。"

如果是你，会不会大发雷霆，罚孩子多抄几遍这个字？

我听了后，说："你知道吗？你这个做法在古代是很高级的。在古代，这个叫作'为亲者讳'。爸爸的名字儿子是不能直接用的，一定要写错一点才对，这是忠孝的体现。你明天跟老师说，你这样写是对的,让老师把分数给你加回来。"

嘟嘟听完我这番话,笑了,回了我一句,"我才不去呢"。

他知道我在跟他开玩笑,也知道爸爸不会因为他写错了几个字就愤怒、对他实施惩罚,还知道自己下次不会再写错这个字了。

还有一次,同样是语文考试,嘟嘟说自己只考了70多分。

我问他为什么考这么低分,他说,因为有一页试题在卷子背面,他没看见。

我说,那行,那你知道你这次学到了什么吗?嘟嘟说,以后要看一下卷子背面。

这就是接纳孩子的不完美,让他们在"无知的错误"中学习。抓住孩子的错误不放,只会增加孩子的压力。

此外,相对于孩子的错误,家长要把自己的目光集中在孩子做对的事情上。有些事情他们做得不对,但背后也许有对的动机,这才是家长需要去发掘的东西。

我曾经分享过教育学家陶行知先生的一个故事。

有一天,陶行知看见学校里有两个孩子打架,他便让二人分开。分开以后,他跟其中年龄大一些的孩子说,去我的办公室等我。过了一会儿,陶行知回到办公室一看,那个孩子就站在这里。他拿了一颗糖递给孩子。孩子问,为什么?陶行知说,我让你到办公室来等我,你就来等我,说明你心中有我这个校长,你懂得尊敬师长,我要奖励你。随后,陶行知说,再奖励一颗糖。孩子更加疑惑了，又问为什么。陶行知回答，我刚刚去调查了一下，你打那个小家伙是因为他欺负女同学。所以，你这个行为叫见义勇为，见义勇为值得奖励。孩子说，我也有不对的地方，我不应该动手打同学，我错了，我下次再也不打了。陶行知又拿出一颗糖说，知错能改，善莫大焉。行了，去上课吧。

这种事情也许很多孩子都遇到过，但是有多少父母能够以这种平和、理性的方式去处理呢？不问缘由便打骂一场，是很多孩子最终将面临的境况。

在幂次法则中，不分青红皂白的打骂虽然让问题看似得到解决，却会让孩子由心底生出怨恨。孩子表面承认自己的错误，但他们的内心深处一定会从此刻开始积攒失望。他们会觉得这个世界不存在正义与公平，善良的人往往得不到善待。某一天，当这种负面情绪达到阈值，他们所面临的人生局面也许很难被扭转。

每个孩子都有不完美的一面，更多地去看见孩子好的地方，发现孩子身上的亮点才是推动他们成长、进步的方向。当家长不断地让孩子身上的亮点变得越来越多时，孩子成长轨迹的"拐弯"便会朝着积极的方向奔去。

我在《陪孩子终身成长》中曾说，如果父母让孩子知道自己是被无条件欣赏和接受的，那么不管以后遇到什么样的困难，孩子都能走得过去。

成长之路上，请允许错误发生。

> **核心要点**

家长在教育孩子时应接纳孩子的不完美，鼓励孩子从错误中学习，而不是一味地惩罚和苛责。帮助孩子以积极的态度面对挑战，促进其健康成长。

1. 犯错的重要性：犯错是学习过程的一部分，孩子应该被鼓励去尝试和犯错，而不是害怕犯错。

2. 家长的态度：家长应该接纳孩子的不完美，而不是追求完美。家长的过度苛责会导致孩子害怕犯错，从而影响他们的学习和发展。

3. 无知的错误：家长应鼓励孩子犯"无知的错误"，即由于不了解而犯的错误，因为这是学习的机会。

4. 孩子的心理影响：长期的苛责和惩罚会让孩子内心积累失望和怨恨，影响他们对世界的看法和自我价值感。

5. 正面激励：正面激励和理解孩子，奖励孩子的正确动机来鼓励他们改正错误。

6. 家长的角色：家长应该更多地关注孩子的优点和亮点，而不是仅仅聚焦于他们的错误。

7. 无条件的欣赏和接受：让孩子感受到家长的无条件欣赏和接受，这样他们在面对困难时会更有信心和力量。

家长应该以更加宽容和理解的态度对待孩子成长过程中的错误，通过正面的激励和指导帮助孩子学习和进步，而不是通过苛责和惩罚来压制他们的成长潜力。

场景应用

幂次法则在养育中的应用

场景	成因	应对策略
孩子在中学阶段突然对学习失去兴趣,之前在小学使用吼叫方式激励孩子学习的方法失效。	1. **长期压力积累**:孩子长期在高压环境下学习,导致心理和生理上的压力积累。 2. **负面情绪影响**:家长的吼叫和打骂会让孩子积累肾上腺素和皮质醇,产生负面情绪。 3. **知识难度增加**:中学知识难度的提升,对孩子的认知和心理承受能力提出了更高的要求。	1. **改变教育方式**:停止吼叫和打骂,采用更为积极的教育方法。 2. **减压和放松**:帮助孩子减轻学习压力,鼓励他们参与体育活动和社交活动,以达到放松的目的。 3. **正面激励**:通过正面的激励和奖励来提高孩子的学习动力和兴趣。

(续表)

场景	成因	应对策略
孩子在中学阶段突然对学习失去兴趣,之前在小学使用吼叫方式激励孩子学习的方法失效。	4. **幂次法则效应**:长期的负面教育方式会导致孩子压力在达到某个阈值后出现断崖式的行为和情绪变化。 5. **家长的焦虑传递**:家长对孩子未来的担忧和焦虑可能传递给了孩子,增加了他们的压力。	4. **培养自主学习能力**:培养孩子的自主学习能力,让他们学会独立思考和解决问题。 5. **理解幂次法则**:理解幂次法则在孩子成长中的应用,认识到积极行为的长期积累可以带来正面的突破。
家长在教育孩子的过程中,使用高压的管教方式,导致孩子在家长面前表现出害怕和服从,但内心可能积累了压力和不满。	1. **高压管教**:家长使用严厉的管教方法,如吼叫、体罚等,使孩子产生恐惧。 2. **忽视心理健康**:过分关注孩子的行为表现,而忽视了孩子大脑和心理健康的发展。	1. **改变教育观念**:家长需要意识到教育不仅仅是管教行为,更重要的是关注孩子的心理健康和大脑发展。 2. **培养内在动机**:鼓励孩子出于内在的兴趣和好奇心去学习和探索,而不是仅仅因为外在的压力。 3. **减压和放松**:为孩子创造一个轻松愉快的学习和生活环境,减轻孩子不必要的压力。

(续表)

场景	成因	应对策略
家长在教育孩子的过程中，使用高压的管教方式，导致孩子在家长面前表现出害怕和服从，但内心可能积累了压力和不满。	3. **缺乏内在动力**：孩子的行为改变不是出于内在动机，而是外在压力的结果。 4. **前额叶皮质功能下降**：长期的压力可能导致大脑中负责决策和自控的前额叶皮质功能下降。	4. **鼓励自我表达**：允许孩子表达自己的想法和情感，培养他们的自我认知和情绪管理能力。 5. **重视创造力和想象力**：鼓励孩子发挥创造力和想象力，参与艺术性和创造性活动。
家长在管理孩子手机使用时间方面面临挑战，担心孩子过度使用手机会导致上瘾，影响学习和生活。	1. **技术依赖**：现代社会中手机的普及性和重要性，使孩子难以避免接触和使用手机。 2. **缺乏自控力**：部分孩子可能尚未发展出足够的自控力来合理管理手机使用。 3. **沟通不足**：家长和孩子之间可能缺乏有效沟通，导致误解和冲突。	1. **建立信任**：与孩子建立信任关系，相信他们有自控能力，可以合理使用手机。 2. **沟通协商**：与孩子沟通，共同制定合理的手机使用规则。 3. **提供替代活动**：鼓励孩子参与其他有益身心的活动，如运动、阅读或艺术创作等，减少孩子对手机的依赖。 4. **技术辅助**：利用家长控制软件等技术手段，帮助孩子管理手机使用时间。

(续表)

场景	成因	应对策略
家长在管理孩子手机使用时间方面面临挑战，担心孩子过度使用手机会导致上瘾，影响学习和生活。	4. 过度管控：家长可能采取了过于严格的管控措施，反而会激起孩子的逆反心理。	5. 关注心理健康：注意孩子的情绪变化，避免因过度管控导致孩子产生逆反或逃避行为。 6. 园丁式教育：采取园丁式而非木匠式的教育方法，为孩子提供一个充满爱和支持的成长环境。
孩子犯错时，家长通常采取严厉批评和指责的方式，而不是接纳和引导。	1. 完美主义：家长可能期望孩子表现完美，难以接受任何错误。 2. 对错误的恐惧：家长可能担心错误会导致不良后果，因此试图通过严厉批评来避免。 3. 缺乏耐心：家长可能缺乏耐心去理解孩子犯错的原因，以及如何从中学习。	1. 接纳不完美：认识到每个人都有不完美的地方，包括孩子，接纳他们的错误。 2. 重视犯错的价值：理解犯错是学习和成长的一个重要部分，鼓励孩子从错误中学习。 3. 积极沟通：与孩子进行积极的沟通，了解他们犯错的原因，共同探讨解决方案。 4. 引导自我反思：教育孩子如何自我反思，而不是自我批评，培养他们的自我改进能力。

（续表）

场景	成因	应对策略
孩子犯错时，家长通常采取严厉批评和指责的方式，而不是接纳和引导。	4. **教育方式**：家长可能受到传统教育方式的影响，认为严厉批评是纠正错误的有效手段。	5. **强调正面行为**：集中注意力在孩子做对的事情上，强调正面行为和动机。 6. **建立信任**：与孩子建立信任关系，让他们知道家长是他们学习和成长过程中的支持者。

第 2 章
了解脑科学，帮孩子实现跨越式成长

了解孩子的大脑结构，避免使用威胁、唠叨和辱骂等负面沟通方式，为孩子创造一个充满爱和尊重的家庭环境，以促进孩子大脑皮层的健康发育，从而增强自控力和自驱力。

理解孩子，从认识大脑开始

相信很多家长每天都必须干的一件事儿，就是陪着孩子写作业。原因很简单——觉得自己的孩子自控力太差了。每天的这个时候，家里都会上演一出"鸡飞狗跳"的大戏。有时，孩子还会因此和父母大喊大叫。

对这两个问题感到疑惑的家长一定不在少数：孩子到底为什么自控力差？控制情绪有这么难吗？

想要解答这些问题，了解孩子的大脑结构是每位家长都要上的重要一课。

在 2500 年前，柏拉图将人类的大脑分为三层——爬行动物脑、哺乳动物脑和理智的大脑。

首先，我们来了解爬行动物脑。

人的大脑结构就像把大拇指收进手掌中握拳，里面藏着的核心，也就是大拇指，在大脑中叫作"杏仁核"。

杏仁核是我们的原始脑。作为一个智人，在我们还没有发育出特别强大的大脑时，原始脑就已经形成了。它能够保证我们的呼吸、心跳，并且让我们在遇到危险的时候能够警觉、逃命。

原始脑一旦启动，我们对外界的反应只有两种——一种是打，一种是逃。

想象我们走在森林里，迎面出现了一只老虎。此刻，我们无法做到理智地思考。我们不会去想自己的银行卡密码是多少，不会去想自己该留下怎样的遗嘱；当下的想法要么是跟它拼了，要么是赶快跑。

如果一个人的杏仁核长期兴奋，那么这个人就会处于一种非正常的、接近原始人的状态。原始人经常会遇到猛兽、山洪暴发等，所以他们需要持续保持警觉。

这就是我们人类的大脑最基础的作用。人的大脑是一层一层发育出来的，杏仁核外面的大脑负责掌管情感、语言。

外面的大脑，就是我们在上文提到的哺乳动物脑和理智的大脑。

小马、小狗、黑猩猩等比较高级的哺乳动物和人类一样有情感，但是和人类不同的是，它们的大脑缺乏前庭这部分。人类拥有大脑前庭，才有了对世界的好奇心、语言中枢、制造工具的能力、协同作战的能力。

现在我们常说的大脑，大部分时候是指我们的大脑皮层。这里负责我们的理智，让我们有逻辑，说出来的话有道理，用沟通的方式而非大吼大叫来解决问题，并且有自控力。

现在，我们可以明确，一个人的自控力很强，是因为他的大脑皮层发育得快。

我小的时候，如果家里没人，我也进不去家门，我就会拿着作业趴在墙上写。我一直自己解决作业的问题，从来不会让家里人操心我关于写作业的问题。这就是大脑皮层发育得快的体现。

那么，如何才能让一个孩子早早地启动大脑皮层的发育，而不是靠杏仁核来指引行动呢？

很多家长跟孩子沟通的方式都有"交换"这一招，这种"交换"实质是一种变相的威胁。

"如果你考得好，妈妈就带你去旅游；如果你考得不好，这个计划就取消。"当这种威胁出现的时候，孩子就像在森林里碰到了老虎，头脑立刻紧张。紧张的结果就是他把所有的决定权都交给杏仁核。由此一来，自控力便荡然无存。

除此之外，唠叨、辱骂也是很多家长和孩子沟通的常态。

一个孩子从小到大，做任何事情都是在学习。人的大脑是一个运算力极强的东西，当家长不断地唠叨、指责、辱骂孩子的时候，孩子基本上都毫无反应。此时此刻，他就在学习处理问题的方法。

有些乐观的家长这个时候会觉得孩子在忍耐，但事实并非如此。这时孩子已经痛恨忍耐的感觉，他的耐心在学习的过程中已经耗尽。失去了耐心，也就谈不上拥有自控力了。

如果家长能下一点功夫了解孩子大脑的结构，就能知道自己的语言和行为对孩子的影响有多大。唠叨、指责、辱骂都会使孩子的杏仁核越来越发达，这时候就要小心他们变成情绪化的动物。

培养一个孩子，最重要的是赋予他们人类的生命力。要想让孩子的大脑皮层发育得快，家长能做的最好的事情就是给孩子一个良好的、充满爱的家庭氛围，培养没有交换、恐吓和威胁的无条件的爱，让孩子知道爱、尊重和价值。

相信通过家长对孩子大脑构造的了解，并对自己的错误教育方式进行自我纠正，每一个孩子都能拥有一个健康的大脑，真正拥有自控力、自驱力，按照自己的愿望走向属于自己的未来。

核心要点

家长需要了解孩子大脑结构的重要性，以及负面语言和行为对孩子大脑发育产生的影响。通过家长对自身教育方法的纠正，孩子终能获得自控力和自驱力。

1. **大脑结构**：大脑有三层结构，即爬行动物脑、哺乳动物脑和理智的大脑。

2. **爬行动物脑**：杏仁核是原始脑，负责基本生存功能，如呼吸、心跳等，并在遇到危险时引发战斗或逃跑反应。

3. **哺乳动物脑**：高级哺乳动物和人类一样拥有情感，但缺乏人类特有的前庭，这与好奇心、语言、制造工具和协同作战能力有关。

4. **理智大脑**：大脑皮层负责理智思考、逻辑、自控力等。

5. **自控力与大脑发育**：自控力强是因为大脑皮层发育得快、好。

6. **教育方式的影响**：家长的沟通方式，如威胁、唠叨、辱骂等，可能导致孩子过度依赖杏仁核，从而影响自控力的发展。

7. **正确的教育方法**：家长应该提供一个充满爱和尊重的家庭环境，避免交换、恐吓和威胁，以促进孩子大脑皮层的健康发育。

8. **积极教育的成效**：通过家长对孩子大脑结构的深入了解，并采取积极的教育策略，孩子能够发展出自控力和自驱力，自主地追求并实现个人目标。

家长应该避免使用威胁、唠叨和辱骂等负面沟通方式，为孩子创造一个充满爱和尊重的家庭环境，以促进孩子大脑皮层的健康发育。

教育的真谛是鼓励，而不是纠正

在你的眼中，真正的教育是什么？

有很多家长认为，对孩子说好话不是教育，挑孩子的毛病才是教育。这些人的教育理念是：他做得不对，我还不能说他吗？

在讲《藏在成语中的心理学》这本书时，著名心理学教授杨眉老师举了一个常见的例子。

一个孩子的字写得特别难看，家长应该去看这个字中的每一个笔画。这个字中的横写得直，就夸他这一个笔画写得好；下次他把撇写得漂亮，同样夸他这一个笔画写得好。慢慢地，整个字他就会写得很端正、美观。

寻找孩子身上的优点，孩子会逐渐成长为家长描述的样子。

教育最重要的不是纠正，而是鼓励。

人类的整个进化过程，即从在海底生活进化到现在的过程，从来都不是建立在改变缺点之上的，而是把优点发挥到极致。比如，人类的力气没有猴子的大，我们没有非得变得比它们更有劲儿；人类的脑子比猴子的转得快，我们就不断提升智力，让头脑发挥它的最大作用。

所以，整个生物进化的过程，是追逐亮点的过程。

如果对一个孩子总是纠错，试图通过提醒、改变、训练来让他摒弃一些属性，那么这个孩子就会失去生命力和信心。

这一过程同样与孩子的大脑构造有关。

在第一章，我曾提到大脑中一个叫作"前额叶皮质"的部分。

前额叶皮质是人类头脑中发育得最晚的部分，它主要掌管专属于人类的一些特质，比如复杂的情感、自律的能力、好奇心、创造力、艺术感、文学性等。

在这里，我们要引入一个新的概念——多巴胺。

我曾经讲过一本名为《贪婪的多巴胺》的书，书中提到，多巴胺是一种神经递质，它对人的掌控能力非常强。如果人没有多巴胺，就会发抖、不适甚至死亡。若一个孩子从小都不能获得来自健康途径的多巴胺，他就会以有害的方式去获得，比如吸烟、酗酒、暴力等，从而形成成瘾行为。

当一个孩子经常看到自己的优势，他才能轻松下来，从而由前额叶皮质来接管行为，而不会被多巴胺所驱使。

作为家长，应该怎样展开行动，发掘孩子的亮点呢？

我们要学会把孩子的缺点当作优点来看待。比如孩子做作业时注意力不集中，思维比较跳跃。这时候家长要意识到，孩子的发散性思维很强。虽然他不是专注型人才，但他是连接型人才。

在讲《硅谷超级家长课》这本书时，我曾提到里面的一个故事。

作者遇到过一个名叫凯莱布的黑人男孩，这个孩子具有很明显的进攻性和叛逆性。有人对他说话时，他要么不予理睬，要么用凶狠的语气来顶撞对方。即使在这种情况下，作者仍然去尝试发掘凯莱布身上的优点。发掘了一段时间后，作者发现凯莱布是一个鞋子专家。之后，她告诉全班同学，如果以后大家有什么关于鞋子的问题，都可以向凯莱布请教。她甚至请凯莱布站在讲台上，给同学们分享关于鞋子的知识。她让这个孩子觉得自己受到了尊重，意识到自己是个很出色的人。后来，凯莱布在这种影响下开始了学习。当这本《硅谷超级家长课》出版的时候，凯莱布已经上了大学。

很多孩子在有自己的想法时，就被老师和家长判了"死刑"。各位想想看，如果你发现自己的孩子特别喜欢鞋子，你会怎么做、怎么想？大多数家长的态度一定是"你研究这个有什么用？""你研究鞋子能当饭吃吗？"。

鼓励、尊重孩子，能改变他的一生。和生物进化的过程一样，一个生命的成长也是靠亮点指引的。

如果我们要去管一辆汽车，那么我们不需要去找它的亮点，把它的所有毛病都修好了，使用过程就能够很顺利。但是生命不是机器，一味地对孩子进行敲打、纠错，就算这个孩子做了正确的事，也不会有任何成就感，而且下次还会做错。

在教育孩子时，我们要在他们做对的事时及时和他们交流，鼓励他并告诉他原因。这便是塑造一个孩子最好的实践。

另外，鼓励孩子不是简单地夸结果，而是夸他做某件事的过程和动机。

在与孩子交流的过程中，我们要教孩子大量的情感类词汇——耐心、坚持、尊重、友谊等。这些东西看不见、摸不着，所以更需要家长通过鼓励来让孩子学到。

有一次嘟嘟英语考了满分，我表扬他说："哇！整张卷子你一个地方都没出错，这真是一件不容易的事情，这必须非常细心才能做到。"在鼓励的话语中，我强调了"细心"这个词。

孩子听了特别高兴，说："我确实细心，这张卷子的每个部分我都检查了。"从此之后，他特别喜欢挑战满分。

当孩子认同自己是一个细心的人，他才能细心地去检查每一道题、做每一件事。这便是家长能对孩子作出的贡献。

核心要点

真正的教育不是单纯的纠错，而是通过鼓励和发现孩子的优点来促进其成长和发展。家长应该通过积极的交流和鼓励，帮助孩子认识到自己的长处，并培养他们的自我价值感和成就感，从而激发他们的内在动力和潜能。

1. 教育的本质：教育不仅仅是纠正错误，更重要的是鼓励和发现孩子的优点。通过积极的方式引导孩子，他们更有可能成长为更好的自己。

2. 生物进化的启示：人类的进化过程是通过发挥优点而非改变缺点来实现的。教育也应该遵循这一原则，鼓励孩子发挥他们的长处。

3. 多巴胺的作用：多巴胺是一种重要的神经递质，对孩子的行为和情绪有显著影响。通过正面的鼓励和认可，可以促进多巴胺发挥积极作用，帮助孩子更好地控制自己的行为。

4. 前额叶皮质的作用：前额叶皮质是大脑中负责复杂情感和自律能力的部分。当孩子能够看到自己的优点时，他们更容易通过前额叶皮质来控制自己的行为，而不是被多巴胺驱使。

5. 发掘孩子的优点：家长应该学会从孩子的缺点中发现优点。例如，注意力不集中的孩子可能具有更强的发散性思维。

6. 尊重和鼓励：通过尊重和鼓励孩子，可以改变他们的自我认知和行为。例如，通过发现并认可孩子在某一领域的专长，可以增强他们的自信心和学习动力。

7. 及时沟通：在教育孩子时，家长应该及时与孩子交流，鼓励他们做对的事情，并解释原因。这有助于塑造孩子的价值观和行为。

8. **使用情感类词汇**：家长应该在教育孩子的过程中使用情感类词汇，如耐心、坚持、尊重和友谊。这些词汇有助于孩子的情感发展和社交能力提升。

9. **鼓励的过程和动机**：鼓励孩子时，不仅要关注结果，更要关注他们努力的过程和动机。这有助于促进孩子的自我认同。

家长应该通过积极的鼓励和发现孩子的优点，而非仅仅靠纠错来培养孩子的自信和自我价值感，同时使用情感类词汇教育孩子，鼓励他们做事的过程和动机，帮助孩子认识到自己的优势，并以此引导他们成长和发展。

别让压力夺走孩子对生活的掌控感

有一次,有一位家长向我咨询:"为什么我女儿最近成绩下滑得很厉害?"我听了之后反问:"你们家最近是不是有人吵架?"这位家长回答:"我们家最近发生了点儿事,是在吵架。"

为什么我能猜得这么准呢?因为家里有人吵架,孩子的压力水平就会陡增,导致大脑前额叶皮质发育缓慢。

这是前额叶皮质非常重要的特性——一遇到压力就"下线"。

前额叶皮质为什么怕压力?

人的压力水平一高,一种叫皮质醇的激素就会分泌得多。

皮质醇又被称作"压力系统",人的压力越大,皮质醇分泌得就越多。它的好处是能够帮人调动肾上腺素,让人更有精神去做事。比如,当你快下班的时候老板让你加班,你的皮质醇就会分泌并调动肾上腺素，让你有力气继续干活。

但如果你总在压力之下加班，皮质醇便会分泌过量。这种情况将带来抑郁症、焦虑症、高血压、高血脂、糖尿病、心脏病等疾病。

很多家长都有一个错误的观念：施加压力是唯一的教育方法。

这些家长一看到孩子学习不好，就给他找老师补课、唠叨他、把他跟别的孩子比较。这时，家长所做的一切都是给孩子施加压力。

长此以往，孩子将无法具备自控力。

我们可以明确，前额叶皮质的发育来自放松，你的孩子不需要这么多的压力。

那么，如何确保孩子的前额叶皮质得到充分的发育？

父母要让孩子体会到掌控感，给予孩子选择权。

我在《孩子天生爱学习》中举过一个关于压力的例子。

在美国，从华盛顿特区到帕洛阿托，青少年自杀已经变成了一个非常严重的问题。青少年自杀非常令人痛心，但是人们往往并不知道，青少年自杀的原因基本上都是掌控感缺失。就是说一个孩子完全感受不到自己的价值，说的话在哪儿都得不到重视，他在家里感觉自己是一个"无用的人"，在学校也感觉自己"无用"。我们常会把一个人的自杀归咎于急性的压力，总认为是突发事件导致一个人走向生命尽头。然而，自杀背后的原因常常是慢性压力。

我一个朋友的孩子心理压力太大了，得了抑郁症，到了高三就不学习了，夫妻俩很难过。孩子爸爸说，我反思我们过去对孩子的教育，唯一做错的一件事就是逼他弹钢琴。我问，逼到什么程度？他说，孩子每天一边哭一边弹钢琴。反思之后，爸爸妈妈又说，其实这也没什么，谁家孩子弹琴不哭，对吧？我说，你怎么知道没什么呢？

伤仲永的故事大家都知道，孩子小时候大脑透支得太厉害了，没有足够的时间去开心地玩耍。这种长期的压力导致这个孩子的大脑变得越来越糟糕，学习的过程变得越来越困难。突然有一天，孩子说，我不学了。

作为家长，我们应该如何缓解孩子的压力？

在讲《屏幕时代，重塑孩子的自驱力》时，我提到了三大技能帮助孩子的大脑恢复正常。

第一个技能是最简单的，叫作休息。有的孩子状态不佳，严重到需要休学半年或一年，这都是非常正常的。在父母没有再施加过大压力的情况下，孩子就能够慢慢恢复。这其中最关键的一点是要让孩子对自己的生活有掌控感。

第二个技能是与他人共处。这里的"他人"包括朋友、家人、宠物等。只要孩子能够从他人身上找到爱、接纳、理解，能够一起大笑、流泪，大脑同样也能够慢慢恢复。

第三个技能叫作游戏。当然，这其中不包含手机游戏，而是指体育运动。让孩子参与爬山、漂流、蹦床等活动，痛快地玩，也能够缓解孩子的压力。

有人说，人最大的勇气，就是重压之下的优雅。但我认为，除了拼命保持优雅之外，我们要做的还有很多，比如拓展自己的眼界，让人生不断变得辽阔，不断向上改变。

核心要点

家长在教育孩子时不应过度施加压力，因为这会导致孩子大脑的前额叶皮质发育缓慢，影响自控力的形成。家长应通过让孩子获得掌控感、给予选择权、确保孩子充分休息、与他人建立积极的关系以及参与体育活动等方式来缓解孩子的压力，从而促进孩子大脑健康发育。

1. **家庭环境的影响**：家庭中的争吵和紧张氛围会提升孩子的压力水平，影响其大脑前额叶皮质的正常发育。

2. **前额叶皮质的作用**：前额叶皮质负责理智和自律，但在压力下容易"下线"，导致情绪化和不理智的行为。

3. **压力与皮质醇**：压力会导致皮质醇分泌得多，长期过量分泌可能引发多种健康问题。

4. **家长的错误观念**：过度的管教和压力并不能保证孩子的成功，反而可能损害孩子的心理健康。

5. **家长如何缓解孩子压力**：充分休息、与他人共处、参与体育活动等方法，能帮助孩子的大脑恢复到正常状态。

6. 个人成长：面对压力，除了保持优雅，还应拓宽视野，不断向上改变。

家长应理解并尊重孩子的感受，通过提供支持，而不是施压和命令，来帮助孩子健康成长。同时，家长自身的言行对孩子有着深远的影响，应采取积极的沟通方式，促进孩子的自我控制和个人发展。

用求知之乐唤醒孩子的学习动力

不知道你是否也同样对这个问题感到疑惑：孩子学习、考试的时候总是记不住知识点，但为什么他们看过的电视剧、美国职业篮球联赛（NBA）的篮球明星、游戏里的皮肤都能记住？

在解答这个问题之前，我们要先明确什么是记忆。

在讲解《考试脑科学》这本书时，我就对记忆的概念进行了详细的介绍。

记忆就是神经回路的形成。假如把大脑想象成一个城市，里面的住宅就是神经元，住宅和住宅之间的道路是神经纤维，整个城市社区便是神经回路。人的大脑形成了多少个有效的神经回路，能记住的东西就有多少。

在短期的处理区域和大脑皮质当中，有一个把关的"人"——

海马体。海马体负责筛选，判断某个信息值不值得放在长期记忆的地方。如果值得放在长期记忆的地方，就存下来；如果不值得，就直接忘掉。

我经常听到有人问我，为什么我的记忆力不好，你的记忆力那么好？为什么你看过的书不仅能记住，还能讲出来？

这背后的原因是我舍得用脑。很多人不舍得用，他的记忆力就提升不起来。

那么，怎么才能调动大脑，让它愿意记一些事呢？

我们小时候花了多长时间才学会不去触摸暖气片？实际上只用了1秒。只要摸过一次，这辈子都不会再摸第二次了，甚至在夏天都会小心翼翼。

所以，你的大脑唯一愿意记得的就是有关生死存亡的东西。当人的情绪被调动起来，自然而然就能记住。

让孩子爱学习，要比家长逼着学习有效得多。当一个孩子爱学习、爱世界、爱人类、爱未来，他读到每一个知识点时都会心潮澎湃。

作为家长，要启发孩子热爱学习，而不是一味地强调考试。如果一味地强调考试，那些知识孩子恨不得考完就忘。在这个时候，孩子会觉得，这个知识点我没学过，但是我考试的时候做对了是最划算的。由此，他不会真心地想要学会这个知识点。

想要激发孩子的学习兴趣，父母要做的最重要的一件事就是让孩子知道求知之乐，让他们觉得学习是一件有意思的事情。

我每次读完一本书之后，首先会和我的儿子嘟嘟分享，但我并不是向他下达"你赶紧去读""这本书你必须看"的命令，而是表达读完这本书的我此时此刻是多么兴奋。自然而然地，嘟嘟会问我："爸爸，这本书我能不能看？"这时我会回答："你当然能看。"

我之前读过《达·芬奇传》，后来嘟嘟也跟着读了起来。他看到有关达·芬奇的内容，觉得非常有意思。有一天，他拿着一个玻璃瓶子，上面有反着的字。他说，爸爸，你看这像不像达·芬奇写的字？一开始我还没反应过来这是什么意思，后来我想到，达·芬奇是用左手写字，他的字看起来就和反着的一样。

这就是嘟嘟的学习过程，他在感受求知之乐。

很多家长常用痛苦来强化孩子的感受，把写作业、考试成绩、开家长会和痛苦相结合，导致孩子做任何该做的事时都是痛苦的。

但是，学习好需要的是开心、头脑健康。为什么很多孩子游戏打得好、篮球打得好？因为人只有自己愿意学才能学得好。

让求知成为求知本身，而非为了获得文凭、奖励或面子。调动孩子的情绪，让孩子真正感受到学习的快乐，他们一定能更有动力去探索世界。

核心要点

情感在形成显著记忆过程中有着重要作用，激发学习兴趣有助于提高记忆力和增强学习效果。将学习内容与孩子的情感和兴趣联系起来，可以更有效地提升他们的学习兴趣和记忆能力。

1. **记忆的本质**：记忆是神经回路的形成，大脑中的神经元和神经纤维构成了记忆的基础。

2. **大脑的节能习惯**：大脑倾向于节省能量，因此人们往往倾向于不思考、不记忆。

3. **记忆与情感的联系**：人们更容易记住与情感、生死存亡相关的事情。将学习内容与情感联系起来，可以增强记忆效果。

4. **激发学习兴趣**：家长和教育者应该激发孩子的学习兴趣，而不是单纯强调考试成绩。当孩子对学习有热情时，他们更容易记住知识。

5. **分享求知之乐**：通过分享阅读和学习的乐趣，家长可以鼓励孩子探索知识，从而增强他们的学习动力。

家长应避免将学习与痛苦联系起来，而是通过让孩子体验到学习的乐趣和探索世界的快乐，来自然地提升他们的记忆力和增强学习效果。

场景应用

脑科学原理在养育中的应用

场景	成因	应对策略
孩子的自控力较差，经常在写作业时出现情绪失控或与父母发生争执的情况。	1. **大脑发育阶段**：孩子的大脑尚未发育完全，尤其是负责自控力的大脑皮层。 2. **原始脑的影响**：杏仁核作为原始脑，容易在压力下启动，导致情绪化反应。 3. **家长的沟通方式**：家长可能使用交换、威胁或唠叨等方式与孩子沟通，这可能加剧孩子的紧张情绪，影响自控力。	1. **创造良好的家庭氛围**：为孩子提供一个充满爱和支持的家庭环境，避免威胁或恐吓孩子。 2. **有效沟通技巧**：学习并运用有效的沟通技巧，避免唠叨和辱骂，转而使用鼓励和正面反馈的沟通方式。 3. **情绪管理教育**：教育孩子如何识别和管理自己的情绪，提高情绪管理能力。

(续表)

场景	成因	应对策略
孩子的自控力较差，经常在写作业时出现情绪失控或与父母发生争执的情况。	4. **缺乏耐心**：家长在教育孩子时可能缺乏耐心，导致孩子学习处理问题的方法时感到挫败。	4. **自控力训练**：通过一些活动和练习，帮助孩子提高自控力，例如设定小目标、使用计时器等。 5. **鼓励自主学习**：鼓励孩子独立完成作业和学习任务，培养他们的自主性和责任感。
家长在教育孩子时，往往只关注孩子的缺点和错误，认为这是教育的本质，而忽视了鼓励和发现孩子的优点。	1. **传统观念**：一些家长持有传统观念，认为挑毛病是帮助孩子成长的方式。 2. **忽视优点**：家长可能未能意识到寻找和鼓励孩子的优点对孩子成长的重要性。 3. **缺乏正面激励**：家长可能不知道如何通过正面激励来促进孩子的发展。	1. **改变观念**：教育不仅仅是纠错，更重要的是鼓励和发现孩子的优点。 2. **积极鼓励**：在孩子做得好的时候给予积极的反馈和鼓励，帮助他们建立自信。 3. **发掘亮点**：关注孩子的优点和兴趣，即使这些优点在某些情况下可能看起来是缺点。 4. **尊重个性**：尊重孩子的个性和兴趣，即使这些兴趣可能与家长的期望不符。

(续表)

场景	成因	应对策略
家长在教育孩子时,往往只关注孩子的缺点和错误,认为这是教育的本质,而忽视了鼓励和发现孩子的优点。	4. **对多巴胺影响的误解**:家长可能不了解多巴胺对孩子感觉和行为的影响。	5. **科学理解大脑**:了解大脑的构造和功能,特别是前额叶皮质的作用,以及多巴胺对孩子行为的影响。
孩子的成绩下滑,同时家庭环境中存在争吵,导致孩子承受较大的压力。	1. **压力激素**:压力水平上升导致皮质醇分泌增多,影响大脑功能和情绪状态。 2. **错误的教育观念**:家长可能认为高压教育能促使孩子成功,而忽视了压力对孩子大脑发育的负面影响。 3. **缺乏掌控感**:孩子在家庭和学校中缺乏掌控感,感到自己的价值和意见被忽视。	1. **减少家庭压力**:家长应努力减少家庭中的争吵,创造和谐的家庭环境。 2. **理解大脑发育**:家长需要了解压力对孩子大脑发育的影响,避免施加过多压力。 3. **提供掌控感**:让孩子参与决策,感到自己对生活有一定的掌控权。 4. **改变沟通方式**:将命令式语言改为建议提示型语言,让孩子理解因果关系并参与决策。

(续表)

场景	成因	应对策略
孩子的成绩下滑，同时家庭环境中存在争吵，导致孩子承受较大的压力。	4. **慢性压力**：未被识别的压力逐渐累积，影响孩子的心理健康和学习能力。	5. **适当休息**：确保孩子有足够的休息时间，允许他们在必要时恢复精力。
孩子在学习时记忆知识点效果不佳，但在记忆电视剧情、体育明星或游戏内容时却表现出色。	1. **情绪影响**：大脑更倾向于记住与强烈情绪相关联的事物。 2. **兴趣驱动**：孩子对学习缺乏兴趣，导致学习效果不佳。 3. **压力和恐惧**：家长强调考试和成绩，可能给孩子带来压力和恐惧，影响记忆和学习。 4. **学习方法**：可能缺乏有效的学习方法和策略，导致学习效率低下。	1. **理解记忆原理**：家长和孩子都应了解大脑记忆的机制，认识到情绪和兴趣对记忆的影响。 2. **激发学习兴趣**：将学习内容与孩子的兴趣点相结合，提高孩子学习的积极性和主动性。 3. **创造积极的学习环境**：避免将学习与负面情绪联系起来，创造轻松愉快的学习氛围。 4. **鼓励探索和求知**：鼓励孩子出于好奇心和探索欲去学习，而非仅仅为了考试成绩。 5. **情绪调动**：在安全范围内，让孩子在学习过程中体验到兴奋、好奇等积极情绪。

03

第 3 章
情感引导帮孩子塑造行为

通过无条件的爱、情感引导和尊重，塑造孩子的良好行为，激发孩子的内在价值感和自我成长的动力，并通过积极性、鼓励性的语言来塑造孩子的行为和思维模式。

塑造孩子行为的核心是无条件的爱

如果你想帮孩子塑造良好的行为,你要学会的第一件事就是不要与孩子交换。

什么是与孩子交换?比如,父母说:"如果你这个学期考试成绩好,爸爸就给你买辆自行车。"结果成绩单拿到手后,发现孩子考了倒数第二,父母就说:"就这样的成绩,还想买自行车?不买了!"

为什么我不建议家长这样做?因为当你说不买自行车之后,孩子就会立马感觉到,你爱的是成绩,而不是他。

或者,孩子想跟你一起出去旅游,他盼了一个学期,已经在脑海中想了很多遍出去玩的情景,结果因为考试没考好,计划被取消了。这对孩子伤害很大,他会感受到你只在乎分数,不在乎他。于是,孩子最后就会得出这样的结论:你不爱我!

如果父母总是用交换的方式来鼓励孩子，导致的结果就是孩子认为自己所做的一切事情都没有意义，他感受不到快乐、幸福。就算考第一名，他也无法感受到来自学习知识本身的快乐，无法感受到自尊水平的提高。如果父母这时候没有给他奖励，那他就会觉得考第一名也没什么意思。

这样的教育会让孩子逐渐把重要的东西忽略掉，反而去追求那些不重要的东西。对孩子的成长而言，最重要的是求知，是了解这个世界，以及获得学习的能力。而我们做父母的，总是用千奇百怪的手段去调动一切能调动的资源，跟孩子交换他的某些行为。最后，孩子完全不知道哪个更重要，哪个更美好。

那我们应该怎样做呢？如果你能把孩子内心的力量调动起来，他就能自愿地走向成熟。他会有目标，想要成长为一个很厉害的人。

我的儿子嘟嘟就很想成为一个很棒的人。因为在我们家，大人从来不跟孩子谈交换。我会告诉孩子："爸爸喜欢跟你一起去旅游，就算你考试成绩不理想，爸爸也不会带别人家的孩子去旅游，因为你是我的孩子。"这就是无条件的爱。

当父母能够在孩子心中建立这样一套观念时，就不再需要用某种奖励去要挟孩子学习。自然，孩子也就不会认为学习本身是一件多么糟糕的事情。孩子会相信，因为爸爸妈妈爱我，所以他们给我提的建议一定是为我好。

此外，我们要了解孩子的天然逻辑。

有一次,我在一个风景区旅游,见到一个小男孩跟妈妈在一起。妈妈喊他来拍照,结果小男孩说:"我可以给你拍照,但是你待会儿要让我玩 15 分钟 iPad。"

妈妈听到后,对着儿子骂道:"走开,我不让你拍照,也不让你玩 iPad!"

连给妈妈拍照这样一件温馨快乐的事,都要用玩 15 分钟 iPad 来交换。为什么会变成这样?

孩子有他的天然逻辑。你觉得孩子是真的特别喜欢吃冰淇淋吗?回想一下,我们小时候都很喜欢吃冰淇淋,并且我们的家长都要求我们吃完饭之后才能吃冰淇淋。

对孩子而言,他们理解这件事的逻辑就是,先吃完不好吃的东西,才能吃好吃的零食。

曾有位心理学家做了这样一个实验:他找来几个孩子,要求他们必须先吃完冰淇淋才能吃芹菜。后来,几个孩子竟抢着吃芹菜。

孩子会问:"为什么不让我吃芹菜?"这就是孩子的逻辑,他会认为后面被当作奖励的才是好东西。讲到这里,我想你也明白了为什么孩子总是不配合家长的要求。

另一个很重要的观念,就是我们要学会用情感引导来塑造孩子的行为。

有一天,我堂姐的孩子给我打电话,他对我说:"我不想参加高考,想上交大的总裁班,结果被我妈妈臭骂了一顿。舅舅,你能不能给我报个名?"

于是，我就问他的妈妈为什么不同意。她说："这孩子连大学都没上，上什么总裁班？这不是浪费钱吗？"

我接着说道："但是你没有看到孩子努力地想学好的一面，这说明他并不想放弃自己的人生。他虽然不想考大学，但他想学做生意，想成为一个有用的人，这一点很重要。上总裁班所花的钱比上大学少多了，为什么不支持他？"

堂姐沉默了半天，回答道："我没想过为什么不能，我就是条件反射般地反对。我们家的互动模式就是这样，孩子提出了任何要求，我们都会先感到紧张。"

很多父母都是这样，孩子提出要求后，父母的第一反应就是："又出幺蛾子！"然后就要打击孩子。

事实上，在我听到这件事后，我却感到很高兴。因为过去我一直替这个孩子发愁，以前的他一天到晚都在打游戏，现在竟然自己提出要上总裁班，我感到很欣喜。他开始愿意学习，愿意提升自己的价值了。

作为父母，我们绝对不能条件反射般地反对孩子提出的一切要求。王阳明小时候也浪费了几年光阴，但他在18岁时迎来了自己的人生转折点，那就是他遇见了娄谅。娄谅对他说："圣人必可学而至。"就是这句话，将王阳明的价值感调动了起来。想想看，孔子、孟子这样的圣人是哪儿来的呢？也是自己努力获得成功的。每个人都能够成为孔子、孟子。18岁以后，王阳明就没有再浪费时间，并终其一生都在不断努力精进，最终成为一名了不起的人。

作为父母，我们需要点燃孩子自己的价值感，发现孩子的亮点，提出表扬，但尽量不要用物质奖励的方法，而应该赋予它意义。

换句话说，当孩子做对一件事，我们不要说："你做得很好，爸爸给你钱。"而是告诉孩子这件事的意义是什么，表扬到孩子的精神内核上去。

比如在面对我堂姐家的孩子时，我希望他的爸爸对他说："你能够提出上总裁班，爸爸真的非常高兴。因为爸爸能看到你想通过学习来改变自己，你对自己是非常有要求的。爸爸之前没有考虑过这个问题，所以这一次，爸爸一定支持你！"

当你告诉孩子"爸爸会尊重你，会帮助你"时，就能提升孩子的价值感。

如果你想深入了解关于提升孩子价值感的问题，我建议大家去听我讲的《你就是孩子最好的玩具》这本书。这本书详细地讲述了如何用情感引导的方法帮助孩子塑造一个又一个正确的行为。当孩子塑造出一个又一个正确的行为时，他自己的价值感也会提升，他会认为自己是一个有能力的人，是一个有自尊心的人，是一个善于掌握时间的人，是一个能够自控的人。

讲到这里，我还想跟大家分享我的一个经历。

我经常跟我的孩子嘟嘟讲："你比一般孩子的自律水平高很多，很多家长都不敢给孩子玩手机，因为这些孩子拿起手机就放不下了。但是你可以做到自控。"当我经常告诉嘟嘟，他可以做得到，他真的就可以做到。后来，嘟嘟就很喜欢展现出自己十分自律的这一面。你看，我塑造孩子自律行为的过程是十分轻松愉快的。

一个家是可以经营得十分轻松愉快，不用那么费劲的。所有美好的事情都是轻松愉快的，所有费劲的事情都是方法错了。

我曾总结出了这句话，我原以为这是我自己想到的，直到有一天，我遇到了简·尼尔森，她就是"正面管教"的发起人。我与这位老太太在一个论坛上相遇，我们在一起聊天，她说道："如果你在教育孩子的过程当中感觉到痛苦，感觉到艰难，感觉到失望、伤心，一定是因为方法错了。"

她的观点与我的一模一样。只要我用了正确的方法，问题就会迎刃而解；如果我用了错误的方法，困难就会接踵而来。

所以，在面对孩子时，如果你能够给孩子更多的关爱，表达出你内心中对他的期待，而不是用讽刺、挖苦，或是给他压力的方法来对他，他就能立刻做出改变，因为你调动了他的价值感。

请相信，只要我们多用点轻松愉快的方法，多用点给整个家庭带来"催产素"、带来多巴胺的方法来解决问题，我们的家庭就会变得更好。

核心要点

塑造孩子良好行为的核心是关爱和情感引导，而非物质交换或条件反射式的反对。

1. **无条件的爱**：父母应该给予孩子无条件的爱，而不是通过物质奖励或惩罚来激励他们。这有助于孩子感受到父母对他们本身的爱，而非仅仅关注他们的成绩或表现。

2. **避免交换**：父母不应使用物质奖励来与孩子交换好的行为或成绩。这种做法可能导致孩子认为父母的爱是有条件的，从而影响他们的自尊和价值观。

3. **理解孩子的逻辑**：孩子有自己的天然逻辑，父母应该理解这一点，并避免无意中强化错误的价值观。

4. **情感引导**：父母应该使用情感引导而非物质奖励来塑造孩子的行为。通过表达对孩子的爱和对他们行为的肯定，可以激发孩子的内在动力。

5. **发现亮点**：父母应该发现并表扬孩子的优点和努力，而不是仅仅关注结果。这有助于提升孩子的自我价值感和自尊心。

6. **尊重孩子的选择**：父母应该尊重孩子的选择和愿望，即使这些选择可能与父母的期望不同。通过支持孩子的决定，可以增强他们的信心和自我效能感。

7. **正面管教**：父母应该采用正面管教的方法，避免使用讽刺、挖苦或施压等负面手段。正确的方法可以使教育孩子的过程变得更加轻松愉快。

8. **提升价值感**：通过表扬孩子的行为并赋予其意义，可以帮助孩子建立起自己的价值感，使他们相信自己是有能力和价值的。

9. **愉悦的家庭氛围**：通过使用正面的方法和情感引导，可以创造一个轻松愉快的家庭氛围，这对孩子的成长和家庭的和谐都是有益的。

10. 学习和实践：父母可以通过阅读和学习相关书籍来更深入地了解如何使用情感引导的方法帮助孩子形成正确的行为。

家长应通过无条件的爱、情感引导和尊重孩子来塑造孩子的良好行为，激发孩子的内在价值感和自我成长的动力。

父母的语言，会影响孩子的一生

父母的语言会塑造孩子的一生，孩子会有一种证明父母语言的动力。

如果父母整天对孩子讲："你没出息，你将来完蛋了，你肯定不行。"这个孩子可能就慢慢变成了父母所描述的状态。

我的妈妈是一位小学校长，她算是很懂教育的人了，在工作中一直都很负责任。记得我儿子上小学一年级的第一天，他戴着帽子，背着双肩包，意气风发地准备上学。这时候，奶奶走过来，语重心长地抚摸着孙子的脑袋说："你的好日子到头了！"

我儿子听后吓了一跳，问道："什么到头了？"

我笑着说："没有，你的好日子才刚刚开始，奶奶跟你开玩笑呢。走，咱们上学去。"

从这件事来看，我们的校长、老师，我们的教育工作者，会认为上学是一件很倒霉的事,因为孩子上幼儿园时没有作业,一进入小学,压力马上就来了。

我从不会对孩子说这种带有"诅咒"性质的话。而且事实证明,我儿子到现在,也没有感觉到"好日子到头了"。放学后,他有大量的时间跟我玩。他还喜欢读数学史。有一次,我向儿子显摆我很有知识,就问他:"你知道谁是花剌子模吗?"

他说:"我知道,就是发明方程的那个人。"

我当时吃了一惊,问道:"你怎么知道?"

他回答道:"你看的那本书我也看了。"

我儿子在五年级时就能读《未来简史》和《人类简史》。因为他在学校里就把作业全部做完了,而他的很多同学要把作业拖到晚上10点半,甚至11点才能做完。为什么呢?这些孩子总是边玩边做,没人盯着就不做。这些孩子会认为,反正做完了,父母还是会再布置一张卷子,还不如拖着慢慢做。孩子就是这样养成拖拉习惯的。

我儿子就算在学校里没有做完作业,回家后最多也就再花十几分钟把作业写完,然后我帮他签个字就结束了,没有人辅导他的作业。我们当然也很关注他的学习成绩,但不会要求他一定要做到哪种程度。事实证明,我儿子的成绩一直都很好,考试基本上都是99分、100分,完全不用我们费劲。

很多父母经常对孩子说:"你肯定……"这样的话其实就是父母对孩子的"诅咒"。这样的"诅咒"完全表达不了爱,它所表达出来的就是"你让我感到失望""你不会给我带来任何好的消息"。所以,这个孩子就得不到爱的能量和爱的祝福。慢慢地,他就会选择过上最痛苦或者最平庸的生活。

《中毒的父母》中有这样一句话:

小孩总会相信父母说的有关自己的话,并将其变为自己的观念。

这是因为在童年时孩子会很认真地对待父母的话,把它看得非常重要。所以我希望父母能多给孩子一些鼓励和肯定。

我想提醒所有的父母,挑错不能塑造孩子的行为,反而会让错误的行为不断被强化。如果你总是说孩子迟到,他就会给自己贴上一个"爱迟到"的标签。

我见过很多父母,即便是在不生气的时候,也会用"我不爱你了"来威胁孩子。

有一次,我在机场见到一对父母带着一个两岁大的孩子。小孩刚刚学会走路,很可爱。他一边走路一边踢他的爸爸,觉得这样很好玩。他的父母并没有生气,但妈妈讲了这样一句话:"你再这样踢爸爸,爸爸就不爱你喽!"

很多父母都是这样与孩子沟通的,他们张口闭口就是"你这样做就没人喜欢你喽!""你这样做不乖哦!",孩子就会觉得,自己好,父母就爱自己,如果自己不好,父母就不会爱自己。

所以我可以非常负责任地跟大家讲，我们家里没有这样的语言系统。我不但训练我的太太，我还训练我的岳父、岳母，我的父母，甚至包括我们家的保姆。我会告诉他们，对孩子说话时千万不要用威胁的语言。所以，如果嘟嘟犯了什么错，他都会非常坦然地跟我讲，也会非常坦然地告诉我他想干什么、想要什么。

有些家长可能会问，那我只能夸赞孩子吗？

这就要讲到另一个问题，就是如何培养孩子的成长型思维。

我们当然要夸赞、肯定孩子。一些家长总对孩子说："宝贝，你真有天赋！""宝贝你真了不起，将来一定会成为一名音乐家！"用这种肯定结果和天赋的方法跟孩子说话，这个孩子就很容易形成固定型思维。因为孩子太希望得到天赋方面的肯定了。

所以，我们在肯定孩子时，要多说他做事的过程，比如"你一直在做练习，非常勤奋，所以今天又进步了很多"。当你能够鼓励孩子去追寻坚持、探索、不放弃等过程性目标时，孩子就能逐渐形成成长型思维，这会影响到孩子的终身幸福。

父母怎样跟孩子说话才是科学的？

答案很简单：要始终与他共情，要关注他。

这个很好理解。比如，你在给孩子讲绘本，可孩子并不认真听，他伸手去摸床单，这时该怎么办？

大多数父母会着急上火，对孩子说："我在给你讲绘本，你又往哪里看？为什么不听？"

如何做到共情、关注呢？你可以对孩子说："你注意到床单了，你要摸一下吗？好，现在让我们摸一下绘本，继续听故事吧。"然后孩子就会慢慢地关注绘本，他可能会随意用手指一指书上的一段文字。这时你就要跟孩子互动："你还是喜欢这里，对吗？那妈妈再给你念一遍。"

我们要把孩子的情绪、感觉讲出来，并且不断地跟孩子解释他的这种感觉。这种共情、关注的方式，能够让孩子快速地学习。毕竟，那么小的孩子，很难跟上成年人的节奏去听绘本或者去做其他事，如果你硬要让孩子这么做，最后只能落个双方都生气、焦虑的结果。

所以，请相信，孩子的很多不好的行为和习惯，都是由你的语言长期塑造出来的。只要改变了你的语言，你的孩子就会马上做出巨大的改变。

核心要点

父母应多使用鼓励和肯定的方式来培养孩子的成长型思维，避免使用带有负面影响的"诅咒"式语言，并通过共情和关注来引导孩子的行为和习惯。

1. **父母语言的影响力**：父母的语言会影响孩子。负面的语言可能会成为对孩子的"诅咒"，导致他们走向父母所描述的负面状态。

2. **避免负面标签**：父母应避免使用贬低的词汇，如"没出息"

或"不行"，这些标签可能会强化孩子的不良行为。

3. **积极鼓励和肯定**：父母应多给予孩子鼓励和肯定，但要注意方式。避免简单地夸赞孩子的天赋或结果，而是要关注孩子努力的过程和行为。

4. **培养成长型思维**：强调孩子努力的过程，比如勤奋和坚持，可以帮助孩子形成成长型思维，这对孩子的长期发展至关重要。

5. **共情和关注**：在与孩子沟通时，父母应展现出共情和关注。例如，在给孩子读绘本时，注意孩子的兴趣点，并引导他们回到故事中。

6. **避免威胁性语言**：父母应避免使用"我不爱你了"这样的威胁性语言，这会让孩子感到不安全和不被爱。

7. **家庭环境的影响**：父母不仅要注意自己的言行，还应教育其他家庭成员使用积极、鼓励性的语言与孩子交流。

8. **行为的改变**：父母的语言对孩子的行为和习惯有着深远的影响。通过改变语言，父母可以引导孩子向更积极、健康的方向成长。

家长在孩子成长过程中起着重要作用，要通过积极、鼓励性的语言来塑造孩子的行为和思维模式。

孩子做对事的时候，才是教育的好机会

培养一个人最重要的时机，不是在他做错的时候，而是在他做对的时候。当孩子做对事的时候，我们一定要珍惜这个机会，告诉他怎样做是对的，并且告诉他为什么，这个孩子才能变得越来越自信，并且能够做出大量的正确行为。

孩子做错事的时候，是拉近亲子距离的最好时机，但不是教育的最好时机。因为一个孩子做错了事，他的体内分泌的全都是肾上腺素，他很紧张，知道爸爸妈妈要收拾自己，他在那一刻根本听不进任何话，唯一想到的是不要被骂。怎样能够不被骂？怎样逃避当下？所以，你一旦指责他，他就会说："我没有！不是我的错！你又冤枉我！"

所以，做错事的时候，不是教育孩子的最佳时机，而是跟孩子拉近亲子距离的最佳时机。一个人做对事的时候，才是学习的

最佳时机。

那我再问大家一个问题：一个孩子从小长到大，是做错事的时候多，还是做对事的时候多？

一个孩子能够安安稳稳、平平安安地成长到今天，那他肯定是做对了很多事。

那么，如何抓住教育的好机会，强化孩子的正确行为呢？

这很考验家长的水平。请你回忆一下，你在表扬孩子时，是不是只会对孩子说"你真棒！""你是妈妈的骄傲！"这类话？

这种话对孩子的成长根本不起作用。因为这种话会"绑架"你的孩子，让孩子压力过大。所以，在你说出孩子很棒后，一定要补充说明他为什么棒。而这个"为什么"就体现了你看待问题的高度。

举个例子，我在教育我儿子方面，在他三岁之前下的功夫最多。那时候，我带他参加了很多活动，目的是塑造他的行为。

嘟嘟从来没有迟到的问题，他从小学一年级到现在，每天都能自觉地早起，他是怎样做到的呢？

嘟嘟还在上幼儿园的时候，有一次，我送他去参加同学聚会，他就拉着我的手说："快点走，不要迟到。"

我听到这句话后，就意识到教育孩子的机会来了。

当时，我正在和嘟嘟等电梯，我就蹲下来对他说："嘟嘟，你知道吗？你有一个习惯爸爸很欣赏。"首先要让他有兴趣听我讲。

他说："什么？"

我说："你不喜欢迟到。你知道不迟到意味着什么吗？不迟到意味着对别人的尊重。我们大家在这个世界上生活，都希望跟尊重自己的人打交道，所以不迟到这个习惯很受欢迎，我很高兴。"

我们全家人对迟到这件事的讨论就这一次，之后，他也没有迟到过。

生活中随时会闪现教育孩子的好机会，而抓住这些机会并不是件难事。只要你多关注孩子，多看他的优点，不断强化他的正确行为，那么无论在学习方面还是生活习惯方面，孩子的表现就都不会差。

核心要点

孩子做对事情时给予表扬并解释表扬他的原因，可以增强孩子的自信和正确行为的积累。孩子做错事时不是教育的最佳时机，而是建立亲子关系的机会。

1. **正确的教育时机**：教育孩子的最佳时机不是在他们做错事的时候，而是在他们做对事的时候。当孩子做对事时，家长应该珍惜这个机会，告诉他们这样做是对的，并解释为什么这样做是正确的。

2. **亲子关系的建立**：孩子做错事时，是拉近亲子距离的好时机，但不是教育的最佳时机。因为孩子在做错事的时候会感到紧张和害怕，这时他们很难接受教育。

3. **正确行为的强化**：家长应该关注孩子做对事的时刻，抓住机会强化这些正确行为。通过具体的例子和解释，帮助孩子理解他们的行为为什么是正确的。

4. **避免简单的表扬**：简单的表扬如"你真棒"或"你是妈妈的骄傲"对孩子的成长帮助不大。家长应该具体说明孩子为什么做得好，这样能更好地激励他们。

5. **日常生活中的教育机会**：教育孩子的机会无处不在，家长需要多关注孩子，多观察他们的优点，并及时给予正面的反馈和教育。

6. **家长的教育水平**：教育孩子不仅需要爱，还需要智慧和方法。家长需要学会抓住教育的时机，用正确的方式引导孩子。

家长可以帮助孩子建立自信，培养良好的行为习惯，并在日常生活中不断进步。在表扬孩子时，要具体说明为什么孩子做得好，以塑造孩子的正确行为。

为内向的孩子上好社交第一课

这个世界上有很多东西不是靠读书能学得会的，比如说人际关系。人际关系是一个人从生下来到现在一点一点模仿出来的东西。你如果希望一个孩子人际关系好，最重要的一件事是你爱他。你在他面前温柔、开心、快乐、有弹性、可以商量，让家里充满欢笑、爱和尊重，才能让孩子学会维持良好的人际关系。这件事甚至不算是言传身教和以身作则，而是一种链接——建立在孩子心中的深刻的链接。

很多孩子不爱说话、不善于社交、不会维持人际关系，成了让家长们十分头疼的问题。他们常常"谈内向色变"，向我咨询："我的孩子性格内向，该怎么办呢？"还有人说："我自己性格内向，我的孩子也内向，我特别不希望他这样。"

其实，父母不必过于担心孩子不善于社交的问题。事实上，大部分人都不善于社交,所以"社恐"是一个没有意义的概念,只是人们用来解释自己为何焦虑的词汇。作为父母,不要天天把"你不善于社交"这件事挂在嘴边,因为这并不重要,你和孩子在一起开开心心的就足够了。给他足够的爱和自信,将来他一定会找到自己社交的方向。

我希望父母明确,内向不是缺点,而是一个人本身的性格。有很多人这辈子都是内向性格,他们不怎么会说话,但是具备很多我们不了解的优势。

我儿子嘟嘟就是一个内向的人。

我们可以发现,内向的人往往喜欢深思熟虑。我们在教孩子学说话的时候,我发现我儿子跟别的孩子不一样的地方在于,如果他没有把一句话组织得非常完整,他就不说。其他小朋友学说话都是一个字一个字往外蹦,说得很不连贯。当然,这也是一种学习方式。我儿子就特别喜欢想,想半天如果说不准,他就停下来又想半天,直到大脑里组织出一句完整的话,他才会一次性说出来。

还有一次嘟嘟过生日,把幼儿园的小朋友都请到家里来玩。小朋友们玩得真闹啊,当时我们家整个都闹翻天了,几个大人已经疲惫不堪。后来,嘟嘟突然一个人跑到房间哭了起来,说:"他们怎么还不走?他们太闹了!我受不了了!"

从这些迹象来判断,我们觉得嘟嘟是略微偏内向一点的人。内向与外向都是生理导致的结果,只是人和人的气质不同,不分所谓的优劣。

内向的孩子,有哪些独特的优势呢?比如,他们会特别在意别人的感受。这点我特别有感触。嘟嘟三四岁的时候,就特别爱跑了。那个时候我带他去逛博物馆,只要发现他影响到了别人,就做出噤声的手势,看着他说"嘘"。只是这么一个小小的动作,他就会立刻非常认真地看着我点点头,然后安安静静地跟在我后边。

这就是内向孩子的优点。他们的能量是收敛的,所以你只需要稍微地提醒他一下,他就会调动自己体内的内疚感和耻辱感,去做或不做一些事。

内向的孩子交朋友也和外向的孩子不一样。内向的孩子不会一下子和很多人突然变得很熟,但是他们一旦和一个人成为好朋友以后,会非常珍惜这段友谊,甚至能和对方成为发小,一辈子这样慢慢地走下去。他们重视长期的关系,而不是那种突然之间就热乎起来的感觉。

对于内向的孩子,父母越过度地关注他的焦虑行为,孩子就越强化这件事。比如,有的孩子不愿意见陌生人,一遇到不熟悉的人就往后躲。他们的父母也许会觉得很丢脸:"你这孩子,怎么拿不出手呢!赶紧过来打招呼!"这时候孩子就会很紧张地打招呼,接着立刻逃走。实际上,这样的做法会让孩子下次更不愿意社交,因为父母在强化孩子内向这件事情。

当孩子不愿在他人面前表现的时候,父母只需摸摸他们的头,替他介绍一下就可以了,也不用解释"我们家宝贝就这样""他不愿意见人,容易害羞"。当你不断强调这些标签的时候,孩子就会把这些刻板印象深入头脑。作为父母,不要对孩子内向这件事过度反应,当他们愿意和人接触的时候,要适当肯定、表扬他们。

另外,不要跟孩子总讲道理,因为内向型的孩子本身就容易思虑过度。他们容易琢磨各种事情,把一个细小的问题放大。如果你总是跟他讲道理会让他非常焦虑。不要总是反驳孩子,也不要经常跟孩子展开辩论,更不要轻视和忽视他的需求。

除此之外,我希望所有的家长都不要过度干涉孩子交友。我见过很多家长,为了不让孩子交到坏的朋友而控制他交朋友的人选。他们会要求孩子"你必须和他交朋友,因为他成绩好""你不能跟他交朋友,他要是来咱家我就把他赶走"。家长用替孩子筛选朋友的方式来帮孩子交朋友,结果就是孩子学不会交朋友。甚至孩子在学校、社会中可能会遭到别人的排斥,因为他们根本就不懂得社交。

很多家长现在对孩子的保护太过度了。他们害怕自己的孩子和别的孩子产生矛盾,永远像一个保镖一样,站在孩子后边,孩子一和别人有什么动静,就赶紧把他们拉开。最后的结果,就是孩子根本学不会社交。

我记得我们小时候"生长"在大街上,每次吃完晚饭后,几十个孩子就跑出来,到处疯玩。我当时差不多算个孩子王,带着大家做各种扮演的游戏,相互打闹。在这一过程中,我锻炼了沟通能力，也明白了团队融入是怎么一回事。这些都是在游戏当中学会的。

聊到人际交往这个话题的时候，我们常常提到一个词——高情商。

想要提高孩子的情商、人际交往能力，他们需要的不是书本，而是好父母。父母对孩子多么粗糙，孩子对这个世界就多么粗糙。每个人这辈子只需要面对两种关系——一种是和父母的关系，一种是和其他人的关系。

情商绝对不是取悦他人，也不是控制他人。高情商的最重要表现是爱自己也爱别人，能够放松、淡定地和周围的人相处。所以，怎样让孩子放松、淡定，是我们应该关注的事。如果你天天对孩子吼叫，孩子就会很容易紧张，同样，他和别人的关系也会紧张。因为他和别人的关系就是和你的关系的投射。

成为耐心和温柔的父母，走进内向孩子的内心世界，让你的爱变成他们走向更广阔世界的最大力量。

核心要点

内向性格不应被视为缺点，而是孩子独特个性的一部分。让家里充满欢笑、爱和尊重，才能让孩子学会维持良好的人际关系。

1. 人际关系的形成：人际关系不是仅靠读书就能学会的，而是通过日常生活中的模仿和互动逐渐形成的。父母对孩子的爱和家庭环境的温暖是帮助孩子建立良好人际关系的关键。

2. **内向性格的误解**：很多父母担心孩子内向，但内向并不是缺点。内向和外向只是性格的不同，每种性格都有其独特的优势。

3. **内向孩子的特点**：

- 深思熟虑：内向的孩子在表达前会仔细思考。
- 在意他人感受：他们更关注他人的感受，容易受到他人情绪的影响。
- 珍惜友谊：内向的孩子可能不会迅速结交很多朋友，但一旦建立友谊，就会非常珍惜并长期维护。

4. **父母的正确引导**：

- 避免过度关注孩子：不要过度强调孩子的内向性格，这可能会加剧他们的焦虑。
- 适当肯定：当孩子愿意与人接触时，给予适当的肯定和表扬。
- 避免过度干涉：不要过度干涉孩子的交友，让他们自然地学会与人相处。

5. **社交能力的培养**：

- 自然学习：让孩子在自然的环境中学习和锻炼社交能力，而不是通过书本或被过度保护。
- 游戏和活动：通过参与游戏和活动，孩子可以自然地学习如何与人沟通和融入团队。

6. **情商的培养**：

- 高情商的表现：高情商不是取悦他人，而是爱自己和他人，能够放松、淡定地与他人相处。

• 父母作为榜样：父母的行为和态度会直接影响孩子的情感和社交能力，因此父母需要变得耐心和温柔。

父母应该给予孩子足够的爱和自信，尊重他们的个性，不要过度强调孩子的内向特质，而是要耐心和温柔地引导孩子，帮助他们建立积极的人际关系并提升社交能力。

场景应用

情感引导在养育中的应用

场景	成因	应对策略
家长总是无目的地夸赞孩子，或是无意识地贬低孩子。	1. **负面语言**：家长经常使用否定性、悲观性的语言表达对孩子的评价。 2. **错误的激励方式**：家长可能错误地使用威胁或惩罚作为激励手段。 3. **缺乏积极肯定**：家长未能经常性地给予孩子正面的肯定和鼓励。	1. **避免负面标签**：家长应避免给孩子贴上负面标签，如"没出息"或"不行"。 2. **积极鼓励**：家长应多使用积极、肯定的语言来鼓励孩子。 3. **强调过程**：在夸赞孩子时，强调他们努力的过程，而非仅夸赞结果或天赋。

第 3 章　情感引导帮孩子塑造行为

(续表)

场景	成因	应对策略
家长总是无目的地夸赞孩子，或是无意识地贬低孩子。	4. **固定型思维**：家长可能无意中通过夸赞孩子的天赋而非努力，导致孩子形成固定型思维。 5. **缺乏共情和关注**：家长在与孩子交流时，未能充分理解孩子的感受和需求。	4. **培养成长型思维**：通过鼓励孩子，帮助他们形成成长型思维。 5. **共情和关注**：在与孩子交流时，展现出共情，关注并响应孩子的感受和需求。
家长总在孩子做错事情的时候教育孩子，而孩子还是不断犯错。	1. **错误时机**：家长可能在孩子做错事时立即进行教育，而这是孩子最听不进去意见的时刻。 2. **负面反应**：孩子做错事时体内肾上腺素上升，产生紧张和抵触情绪，无法接受教育。 3. **压力过大**：家长的表扬可能给孩子带来压力，而不是正面的激励。	1. **抓住正确时机**：在孩子做对事的时候进行教育，这是他们最愿意学习的时刻。 2. **表扬具体化**：具体指出孩子做得好的地方，强调行为背后的价值和意义。 3. **强化孩子正确行为**：通过具体表扬来强化孩子的正确行为，使其成为习惯。 4. **建立亲子连接**：在孩子做错事时，利用这个机会拉近与孩子的距离。

(续表)

场景	成因	应对策略
家长总在孩子做错事情的时候教育孩子，而孩子还是不断犯错。	4. **未抓住教育机会**：家长可能没有意识到孩子做对事的时候是教育的最佳时机。	5. **日常行为塑造**：通过日常行为的塑造，帮助孩子形成良好的习惯和价值观。
孩子性格偏内向慢热，家长担心孩子的社交能力。	1. **性格误解**：家长可能认为内向性格是缺点，而忽视了内向孩子的独特优势。 2. **过度保护**：家长可能过度干涉孩子的社交活动，导致孩子缺乏自主社交的机会。 3. **缺乏自信**：孩子可能因为家长的过度担忧和强调内向性格而缺乏社交自信。 4. **社交压力**：家长可能无意中给孩子施加了社交压力，导致孩子在社交场合感到紧张。 5. **错误示范**：家长在人际交往中的负面示范可能影响孩子学习正确的社交方式。	1. **正面接受性格特点**：认识到内向不是缺点，而是孩子独特的个性。 2. **鼓励自主社交**：让孩子在安全的环境中自主探索和建立人际关系。 3. **避免过度干涉**：不要过度干涉孩子的朋友选择，让他们自己学会选择朋友。 4. **增强社交自信**：适当肯定和表扬孩子在社交场合的积极表现。 5. **保持耐心和温柔**：用耐心和温柔的态度与孩子沟通，帮助他们建立积极的人际关系。

04

第4章
情绪管理：做情绪独立的父母

父母在教育孩子时应该学会控制自己的情绪，避免用情绪化的方式教育孩子，而应肯定和鼓励孩子，与孩子分享快乐，创造一个充满爱和支持的家庭环境，帮助他们成长为有安全感、自信和幸福的人。

先有轻松的父母，才有自在的孩子

过好自己的生活，才是好父母。

很多父母之所以会让孩子觉得很无奈，是因为他们根本不过自己的生活，一心扑在孩子身上。孩子等于背着两个人，甚至三个人在走。所以我们倡导的是，所有的家长都去过自己的生活，有自己的追求，照顾好自己的身心健康，然后让自己活到老、学到老、创造到老。这样，你跟孩子都会轻松、健康，而且生活会变得很有趣。

我建议父母爱孩子不要爱得太用力。因为很多时候，你所谓的爱不是爱，而是控制与占有，或者说是不安全感、焦虑。只要有一刻眼睛离开了孩子，你就感到担心；只要不盯着孩子写作业，你就担心孩子会走神。很多父母天天追求孩子的完美，但实际上导致的结果是，这个孩子会越来越不完美。

在这里我想强调一个观念：对管孩子这件事帮助最大的，就是"不管"。

曾有家长问我，高二孩子偷偷买手机，有没有什么"狠招"管他？

我告诉那位家长，你把孩子手机没收了，孩子就是借钱、偷钱，都要再买一个，这时候你根本管不了他。唯一的办法就是用"不管"的方法。

很多父母不能理解"不管"竟然也是一种"管"。父母要管的不只是孩子穿衣吃饭、上学等事，更重要的是要爱他，让他感受到自己有家，而不是只有"枷锁"。

我曾推荐过《教育的减法》这本书，它的作者朱永新教授认为，现在的教育当中，"加法"太多才导致很多不幸发生。父母未必要做很多工作才能够解决孩子的各种问题，学会用"减法"的思维来重新思考，你的孩子会更容易变好，更快地成长。

一个成年人在家里要做的第一件事就是自己成长，而我们很多成年人有了孩子以后，就放弃了自己的成长。把所有的精力全放在孩子身上，你就会发现"加法"做得太多，问题也变得越来越多。

我还推荐过另一本书，叫《不管教的勇气》，作者岸见一郎指出：

过度的管教会伤害孩子，为了孩子未来的幸福，父母应该拥有"不管教的勇气"。

原因很简单，千万不要以为孩子只有在写作业、上课的时候才在学习，孩子每时每刻都在学习。而当他生活在宽松的环境中时，他的大脑很放松，吸收外界知识的速度会变得特别快。你的一言一行、处理问题的方式，才是他要学习的。所以，如果你能够更信任孩子，给孩子更大的空间，让孩子自己决定一些事情，孩子的大脑就会产生不可思议的变化。

我管我的儿子也是采用"不管"的办法，我不会替他批改作业，他考试之前我不会陪他复习，也没有给他报过班，但他的成绩一直很好。

所以，我给很多父母的建议是，给孩子三根支柱：价值感、无条件的爱和终身成长的心态。当你把这三根支柱在孩子三岁以前"植入"他体内，他感受到来自父母的爱，感受到自己的价值感，感受到犯错是学习的过程，他就能够自己成长。所以，爸妈越轻松，越能靠价值观引领自我，把自己的生活过得很精彩，孩子就成长得越好。

孩子总是以父母为榜样。当你不在孩子身上使太大劲，能够重视自己的生活，重视自己的发展，在工作当中找到乐趣和希望，孩子也就能在他的生活中找到乐趣，感受快乐。这个时候，孩子就会以惊人的速度成长起来。

请记得，父母越轻松，孩子越优秀。

核心要点

家长应通过"不管"的方式给予孩子更多的信任和空间，让孩子在宽松的环境中自由成长。同时，给孩子"植入"价值感、无条件的爱和终身成长的心态这三根支柱，孩子就会以父母为榜样，健康快乐地成长。

1. **自我生活的重要性**：父母应该过好自己的生活，有自己的追求和兴趣，保持身心健康，这样才能给孩子一个轻松和健康的成长环境。

2. **避免过度控制**：父母对孩子的爱不应过度，避免将爱变成控制和占有，这样会导致孩子感到压力和不自由。

3. **"不管"的教育哲学**：有时候，"不管"其实是一种更有效的教育方式。它不是放任自流，而是给予孩子信任和空间，让他们自己学习如何做出决策。

4. **教育的"减法"**：朱永新教授在《教育的减法》中提出，现代教育中"加法"太多，导致孩子和父母的压力增大。父母应该学会运用"减法"思维，简化教育方法，让孩子更轻松地成长。

5. **自我成长**：成年人，尤其是父母，应该继续自我成长，而不是完全将精力投入孩子身上。

6. **不管教的勇气**：岸见一郎在《不管教的勇气》中提出，过度的管教会伤害孩子，父母应该拥有"不管教的勇气"，让孩子在宽松的环境中自由学习。

7. **给孩子的三根支柱**：价值感、无条件的爱和终身成长的心态，这三根支柱应该在孩子很小的时候就"植入"孩子体内。

8. **以身作则**：孩子会模仿父母的行为，如果父母能够重视自己的生活和发展，孩子也会在自己的生活中找到乐趣并感受快乐。

9. **父母的态度会影响孩子**：父母越轻松，孩子越有可能表现出色，因为孩子是在一个没有过多压力的环境中成长起来的。

父母应该过好自己的生活，拥有自己的追求，而不是过度控制和占有孩子。父母应该通过自我成长、信任孩子和采用宽松的教育方式来促进孩子的全面发展。

学会情绪独立，孩子就不会负重前行

很多父母管教孩子的方法就是发脾气、拍桌子、摔东西，把"我不理你了""你太让我失望了"挂在嘴边。

这时候，父母说的、做的一切都和情绪有关，但情绪并不能传递价值观，只能传染更加恶劣的情绪。

孩子情绪化是因为父母总是用情绪威胁、恐吓、绑架孩子，而父母应该做的事是让孩子识别很多的情绪，这个专业术语叫作"情绪引导"。

但是，很多父母没有告诉孩子什么感觉是什么情绪，他们只会表达高兴和愤怒这两个二极管式的情绪。所以，孩子长大了以后就会出现一种问题——述情障碍，也就是他有任何不愉快都是用愤怒表达。

想要培养情绪稳定的孩子，首先要避免成为不成熟的父母。

不成熟父母的特点是需要别人来照顾他的情绪。他们的情绪难以自控，在家里喜欢用发脾气的方式来获取权力感。

当孩子遇到了不成熟的父母，家里的"定时炸弹"并不是不懂事的小孩，而是没来由就突然发飙的父母。

有一个听起来有些残忍的实验：妈妈跟孩子聊天聊得正愉快，孩子很高兴地和妈妈互动。这个时候，妈妈的脸突然板了起来，没有表情地看着孩子。孩子先是呆住了，之后开始尝试逗妈妈。但是妈妈仍然板起脸孔，不为所动。

所有的孩子在经历这个实验的时候都会哭——他们被妈妈没有表情的状态直接吓哭了。等妈妈慢慢恢复和颜悦色，要过很久孩子才能慢慢恢复正常，接受妈妈的"回归"。

这就是父母不成熟的表现。

父母和孩子比起来，谁更应该学会控制情绪？是父母。父母如果学会了控制情绪，孩子也相应地学会控制情绪。

但很多家长觉得，我每天在外面工作已经够累的了，干吗回到家里还要憋着？所以很多父母在家里发泄自己的脾气，绑架孩子的情绪。甚至，很多孩子已经长大了，不成熟的父母已经六七十岁了，他们依然是这个家里的"定时炸弹"，依然需要全家人围着他们转，来解决他们老生气的问题。

我有一次在厦门大街上就"拯救"过一个被不成熟的父母逼得崩溃的孩子。

那个孩子被他妈妈从汽车里面"扔"到外头。妈妈其实没走，但她不断地踩油门，汽车轰隆隆地响。那孩子吓坏了，扒着车门使劲地拍，喊："妈妈！妈妈！"

我看到以后跟同事说，咱去帮他一下。同事敲着车门跟这位妈妈说："大姐，你不要这样。你这样做会破坏孩子无条件的爱。"

随后，这位妈妈说了一句所有对孩子没办法的、无能的父母的心里话："谁让他不听话。"

"谁让他不听话。"也就是说，孩子如果不听话，妈妈就可以不管他，把他扔在大街上不要他。

父母出手这么重地伤害孩子，唯一的原因就是他们根本没控制好自己的情绪。明明知道越发飙情况越糟，却还要这样做。

家长唯一能控制的东西，就是自己的情绪和反应。当孩子出现了一些问题、一些状况，你的情绪和反应是你影响范围内可以自己掌控的东西。而痛苦的来源是我们希望掌控自己掌控不了的东西。

在解读《妈妈知道怎么办》这本书的时候，作者王小骞告诉了父母们控制不住情绪要发火时怎么做。

人发火是一个自动化的过程，"嘭"的一下就炸了。如果想要进行很好的情绪管理，就要有意识地把这个过程变成去自动化。

这里面有一个重要的动作，叫作"积极地按下暂停键"。如果你觉得自己确实要"炸"了，你可以逃离现场，比如去卫生间，冷静地思考一下怎么和孩子说这个事情。真正的接纳情绪，是知道情绪没有好坏，它都是内心深处发来的信号。你要接住它，看看愤怒的真正原因是什么。是因为我在单位不顺心，正好这个场面触发我了吗？那么这份愤怒，我就不应该对着自己的孩子发泄。

情绪稳定、独立的父母，是家里的定海神针。

这样的父母，只要在家，全家人都能其乐融融、不急不躁。家里有一个情绪稳定的人，孩子的很多问题都可以在这里得到解决，他们会觉得父母是自己强大的支撑。

核心要点

父母自身情绪稳定是家庭和谐的关键，能够为孩子提供稳定的情感支持和安全感。父母的情绪管理对孩子的成长和家庭氛围有着深远的影响，父母应该成为孩子情绪稳定的榜样，帮助孩子学会健康地表达和管理自己的情绪。

1. **情绪管理的重要性**：父母在教育孩子时，应该避免使用情绪化的表达，如发脾气、摔东西等，因为这些行为无法传递价值观，只会传播更恶劣的情绪。

2. **情绪引导**：父母应该帮助孩子识别和理解各种情绪，而不是仅仅表达高兴和愤怒这两种极端情绪。

3. **述情障碍**：如果孩子没有学会如何表达不同的情绪，长大后可能会出现述情障碍，即用愤怒来表达所有不愉快的情绪。

4. **避免成为不成熟的父母**：不成熟的父母往往难以自控，可能会用发脾气来获取权力感，需要别人顾及他们的情绪。

5. **情绪的传染**：父母的情绪不稳定会直接影响孩子，使孩子也变得情绪不稳定。

6. **父母的情绪控制**：父母应该学会控制自己的情绪，这对孩子学会情绪控制至关重要。

7. **情绪管理的方法**：当父母感到情绪即将失控时，应该积极地按下暂停键，比如暂时离开现场，冷静思考后再和孩子沟通。

8. **接纳情绪**：真正的接纳情绪，认识到情绪本身没有好坏，它们是内心发出的信号，需要被理解和处理。

9. **情绪稳定的好处**：情绪稳定、独立的父母能够成为家庭中的稳定力量，为孩子提供强大的支持和安全感。

父母在教育孩子时应该学会控制自己的情绪，避免用情绪化的方式威胁或绑架孩子，父母可以通过接纳情绪等方式冷静下来，令家庭稳定、和谐，使孩子能积极地表达自己的情绪。

不扫兴的父母,是孩子的快乐源泉

有很多家长认为,不断地打击孩子,就能代表自己是一个严格的、有家风的人,这是非常可怕、原始,甚至带有杀戮性质的教育方法。这种习惯性打击体现在无论孩子表现得好还是不好,父母都否定他:孩子表现得好时说孩子骄傲,表现得不好时就提醒孩子跟别人比还差得多。他们永远不允许孩子得意、高兴。

这个世界上最容易做的事就是挑毛病。一个人把事干得再好,你都可以冷冰冰地站在旁边,说一些高深莫测的话。但是我们要知道,这种行为对孩子没有任何帮助,因为你不是发自内心地、建设性地希望他成长。

这种扫兴的父母都有哪些表现?

有一个妈妈带孩子过来跟我聊天，孩子开始对我讲他的心思、他的苦恼。我就跟孩子说上了高中之后应该怎么学习、怎么安排节奏。

我们聊得正愉快的时候，孩子的妈妈在一旁插话："你看樊老师说得多好，但你都做不到。唉！你就是做不到。"

孩子越来越生气，表情也越来越不耐烦。我就对他妈妈说："麻烦您先回避一下。"

我相信很多孩子都有过类似的经历，这些负能量爆棚的话就如同一盆冰冷的水一样，浇透了孩子热情的心。

更有甚者，将泼冷水升级为虐待，带给孩子一生无法治愈的伤痛。

我老婆到今天说起小时候她妈妈把她的童话书烧掉这件事还是会哭。她妈妈当时把书拿起来，说："看好了，你最喜欢的《篮球飞人》，烧掉了。"

要知道，孩子是没法抵抗大人对自己存在价值的诋毁和侮辱的。

请家长不要做扫兴的那个人。很多家长总是觉得孩子现在不够好，应该再好一点。但是，孩子再优秀，他的家长都不能接受他的现状。

比如孩子考了前三名，他们的家长会说："你看，你虽然考了前三，但你错了这么多题。你为什么还这么骄傲？你前面那两个人为什么比你强？"他们总是让孩子沮丧，最终的结果就是孩子没有办法获得成就感。

伴随着扫兴的，往往是父母的否定。当你否定孩子的举动，也阻挡了他探索的脚步。

"不要碰，那是爸爸的东西！""不要跑！""老实点，别喊！"家长常常会要求孩子不要干这个，不要干那个。比如一个孩子拿着梳子，把自己的头发梳得乱七八糟，觉得很好玩。然而，这个时候父母跑过来，把梳子抢走，说："我来帮你梳！"实际上孩子在模仿梳头的过程中，体会着秩序感、自己身体的协调性，并感知这个社会。但是，父母的举动打断了这个过程。

多肯定孩子，是非常重要的一件事。很多家长喜欢说孩子不行，总是担心孩子。他们把一顶顶帽子扣在孩子头上，扣到孩子抬不起头来。当父母整天跟孩子说"你要完蛋了"，这种担心会形成一种"诅咒"，这个孩子可能就会慢慢走向父母所描述的状态。

想要改变这种现状，同样需要家长改变自己。

首先，我们要善于肯定孩子。

一个充满肯定的家，能让孩子充满自信。所以，千万不要担心孩子被表扬多了会翘尾巴。人这一辈子因为翘尾巴而犯错的机会不多，所犯的大量错误都是因为不敢去做。

我希望所有的父母能够做到，不要吝惜你的表扬，尤其是在孩子做对事情的时候肯定他。有的家长会担心，我对孩子表扬过多会不会不好？实际上这是一种多虑，因为你还没有真正地去表扬孩子。

另外，我们要积极和孩子分享快乐。

教养孩子最重要的，是让他开心。快乐可以滋养个人成长，好的家庭相信欢声笑语。不扫兴的父母，是孩子的快乐源泉。

从此刻开始，成为真正不扫兴的父母，不再看不得孩子开心。孩子与你分享美食时，不再说"垃圾食品"；孩子与你分享游戏时，不再批评"玩物丧志"；孩子和你分享电影、电视剧时，不再不理解地说"啥玩意儿？瞎编乱造"。

请用爱、鼓励与呵护带给孩子真正愉快、健康的生活，和孩子一起分享快乐、享受快乐。

核心要点

负面的家庭教育方式——习惯性地打击孩子，会使孩子失去探索世界的欲望、学习的积极性。因此，做不扫兴的父母对孩子成长至关重要。

1. **否定孩子的危害**：无论是在孩子表现好或不好时，习惯性地打击孩子，都会对孩子的自信心和成长造成负面影响。

2. **父母的具体表现**：包括对孩子的成就不予肯定，总是提醒孩子与他人比较，以及对孩子的探索行为进行限制。

3. **孩子的感受**：孩子可能会因为父母的否定而感到沮丧，无法获得成就感，甚至可能会走向父母所描述的负面状态。

4. **改变的必要性**：家长需要改变自己的教育方式，从否定转为肯定，从限制转为鼓励。

5. **肯定孩子的重要性**：家长应该不吝惜对孩子的表扬，尤其是在孩子做对事情的时候，这能增强孩子的自信。

6. **分享快乐的价值**：家长应该与孩子一起分享快乐，无论是在日常生活中的小事情，还是在孩子的兴趣和爱好上，都应该给予理解和支持。

7. **成为不扫兴的父母**：避免对孩子的喜悦和成就进行批评或泼冷水，而是成为孩子快乐成长的支持者。

家长在教育孩子时应避免过度批评和打击孩子，而应积极肯定和鼓励孩子，与孩子分享快乐，创造一个充满爱和支持的家庭环境。

别让恐吓成为孩子安全感的"杀手"

我经常听到有人说:"孩子在家里必须有一个怕的人。"这种想法是非常糟糕的。恐吓这种教育方式虽然立竿见影,但是在家庭这一温馨的地方,这种方式却常常使孩子陷入紧张的状态。

我儿子同学来我们家玩,问我儿子一个有意思的问题:"你们家谁比较狠?"

嘟嘟有点疑惑,说:"我们家没人对我狠啊!"

嘟嘟的同学说:"不可能!他们肯定一个唱红脸一个唱白脸!"

所有人,包括孩子都觉得,家里面有这种高压、痛苦以及父母要凶狠、威严是正常的。

父母对孩子恐吓、威胁的过程中,孩子损失最惨重的东西就是安全感。

凡是对各种事都从忧虑角度来看待的人，他们这种心态都来自童年时期的阴影。他们在童年时期受到父母的威胁与恐吓——警告孩子"你要是不听话我就把你送人了"，或者把孩子关进小黑屋。孩子在这种情境之下往往是没有反抗能力的，他们很快就会屈从于父母。这个时候，他们的行为按照父母的想法去做了，但是他们的思想上就出现了安全感被剥夺的状况。

恐吓孩子到底有多可怕？

首先，这也许会对他们的未来职业规划产生影响。

"你学不好，将来上不了大学，只能要饭！""你不学习，将来就什么都干不了！""以后你找不到工作，咱家有钱也不给你留！"这是大部分家长督促孩子学习的"动力"。甚至有的家长和孩子走在路上，看到流浪汉，会拉着孩子说："看见了吗？上不了大学就只能像这样要饭！"

这种威胁和恐吓的方法，有没有可能把孩子变成学霸？答案是有可能。因为孩子害怕了，他们成为学霸的动机就是"我绝对不能要饭"。

他们会在极度缺乏安全感的情况下考上大学，等毕业的时候要找工作了，他们选工作的首要条件也一定是能给自己安全感——这份工作有没有解决户口、五险一金，会不会裁人。往往这些人会找一份平庸的工作度过一生。

另外，在情感上，恐吓同样会伤害孩子的心灵。

父母在孩子小时候总是把"我不要你了"作为理由和借口来欺负孩子,孩子长大后,会出现边缘型人格的情况。边缘型人格就是感觉自己没有资格,感觉自己不配。他们笃定别人不会爱自己,尤其是在知道自己的真实情况之后。他们过度渴望爱,但是在获得爱的过程中不断挣扎,和对方大吵大闹,不断检验对方有多爱自己。他们还会不断把对方推开,如果对方每次被推开后都能回来,才代表对方真的爱自己。但当对方回来了,他们又会继续把对方推开。

作为家长,与孩子交流的方式并不是除了恐吓就别无选择。我们应该温柔地对待孩子,让孩子感受到我们无条件的爱。如果你的孩子在一个良好的家庭中长大,他们大概率也会成为好父母,因为他们知道什么是爱、礼貌和好好说话。

做温和敦厚的父母,你的孩子会充满安全感。

我们要让孩子见到我们的时候,就觉得安心、高兴,愿意扑进我们怀里,而不是一见到我们就紧张、躲避和出汗。

曾经有很多人问我:"孩子胆子太小怎么办?"孩子胆小,是因为父母总是指责他、吓唬他。应对所有孩子的问题的方法,都是改变家长。不要总是和孩子强调"你很胆小"这件事,而是要时常反思自己。我希望各位家长变得更温柔、更讲道理、更和气,向"幽默型人格"靠近。幽默型人格的人往往弹性大——觉得这样也行,那样也不错,事事拥有各种各样的可能性。这样一来,孩子和你在一起的时候会获得安全感,胆子就能慢慢变大。

> **核心要点**

家长使用恐吓手段教育孩子是错误的观念,这种做法会对孩子未来选择和情感发展造成负面影响。

1. **反对恐吓教育**:家庭应该是一个温馨的地方,父母以恐吓和威胁的方式教育孩子对孩子是有害的。

2. **孩子的感受**:孩子在恐吓下可能表面上服从,但内心会感到不安全和紧张。

3. **长期影响**:长期的恐吓和威胁会影响孩子的心理健康,可能对他们的未来职业规划、情感关系造成负面影响。

4. **对职业规划的影响**:父母通过恐吓来督促孩子学习,可能会让孩子出于恐惧而选择安全但平庸的工作,而不是追求自己的激情和梦想。

5. **情感上的伤害**:恐吓可能导致孩子发展出边缘型人格特征,如自我价值感低下、过度渴望爱但又不断推开他人。

6. **父母的角色**:父母应该以温柔和理解的方式与孩子交流,给予孩子无条件的爱和安全感。

7. **改变家长行为**:面对孩子的问题,家长应该反思自己的行为,而不是一味指责孩子。

8. **培养安全感**:有安全感的孩子更有可能拥有幸福和满足的人生。

9. 幽默型人格：家长可以发展幽默型人格，以乐观的态度面对生活，为孩子创造一个积极的成长环境。

父母应避免使用恐吓和威胁的方式教育孩子，因为这会破坏孩子的安全感。相反，父母应以温柔、理解和无条件的爱来培养孩子，以帮助他们成长为有安全感、自信和幸福的人。

场景应用

情绪管理策略在养育中的应用

场景	成因	应对策略
家长过度关注和干预孩子的生活和学习,导致孩子承受额外的压力,家长也失去自身生活。	1. **过度关注**:家长将全部注意力放在孩子身上,忽视了自己的生活和需求。 2. **错误的认知**:认为严格管控和监督是对孩子负责,实际上可能造成孩子的逆反和依赖。 3. **缺乏信任**:不相信孩子能够自主管理自己的学习和生活。	1. **重视自我成长**:家长应该关注自己的追求和兴趣,保持个人成长和发展。 2. **适度放手**:学会适当地放手,让孩子有自主学习和解决问题的空间。 3. **建立信任**:培养孩子的责任感,通过信任孩子的判断和选择来增强他们的自信。

(续表)

场景	成因	应对策略
家长过度关注和干预孩子的生活和学习，导致孩子承受额外的压力，家长也失去自身生活。	4. **忽视孩子个性**：未能意识到每个孩子都是独立的个体，需要个性化的成长空间。	4. **采用"减法"教育**：减少不必要的干预和管控，简化教育方法。 5. **鼓励孩子终身成长**：树立终身学习的观念，鼓励孩子持续探索和成长。
家长以情绪化的表达来管理孩子，如发脾气、拍桌子、摔东西，以及用情绪威胁和绑架孩子等。	1. **情绪管理**：家长可能缺乏有效管理自己情绪的技巧，导致情绪失控。 2. **压力转移**：家长可能将外界给予自己的压力转化为不满情绪并转移至孩子身上。 3. **缺乏自我意识**：家长可能没有意识到自己的行为对孩子的负面影响。 4. **模仿行为**：家长自身可能在成长过程中也经历了类似的教育方式，无意中模仿这种行为。	1. **学习情绪管理**：家长应学习并练习情绪管理技巧，如深呼吸、冷静思考等。 2. **避免情绪化教育**：意识到情绪化不是有效的教育手段，避免用愤怒来管教孩子。 3. **建立积极沟通**：与孩子建立积极的沟通方式，表达期望并划分界限，而非仅用情绪解决问题。 4. **以身作则**：通过自身的行为示范如何适当表达和管理情绪。

(续表)

场景	成因	应对策略
家长持续打击和否定孩子的行为和成就，试图通过严格的方式教育孩子。	1. **传统观念**：认为打击孩子是严格教育和家风的体现。 2. **错误的教育方法**：缺乏正确的教育方法，误认为打击可以激励孩子进步。 3. **缺乏正面激励**：家长可能不知道如何进行正面激励，只会对孩子做出负面评价。 4. **对孩子期望过高**：家长可能对孩子有不切实际的高期望，总是感到不满意。	1. **改变观念**：认识到持续打击孩子不是有效的教育方法，而是对孩子有害的。 2. **学习正面激励**：学习如何正面激励孩子，而不是只关注错误和不足。 3. **设定合理期望**：根据孩子的实际情况设定合理的期望值和目标。 4. **积极肯定**：在孩子做得好的时候给予肯定和表扬。 5. **共享快乐**：与孩子共享快乐时光，参与孩子的兴趣爱好。

05

第 5 章
读懂青春期，做好教练式的陪伴

通过倾听、情绪指导等方法，引导孩子思考，建立积极的亲子关系，帮助青春期的孩子健康成长，同时维持和谐的家庭环境。

如何教育青春期的孩子

父母和青春期的孩子相处是从沟通开始的。

很多父母问我,为什么孩子进入青春期后,我越说他越不听,总跟我对着干?

面对青春期的孩子,你给他的建议越多,他"反弹"得越厉害。而这背后的道理是,如果你总是告诉孩子这件事能做、那件事不能做、应该怎么做,他就不会懂得对自己的行为负责。他就会觉得,反正这是你让我这么做的,我没做好,怪谁呢?

而且你越是说教,孩子就越没有动力把一件事做好。为什么呢?因为孩子会觉得,如果你跟他一说他就做好了,那不是更显得他没有面子吗?所以他在用你的方法做事时,潜意识中会希望把事做错。

我曾讲过《高绩效教练》这本书,里面提出了一种与孩子沟通的方法，那就是从目标、现实、选择、意愿这四点出发来向孩子提问。比如，你可以问：

"这件事你的目的是什么？"

"如果这样做，会有怎样的后果？"

"在所有的备选方案中，你最喜欢的是哪个？"

"还有没有更好的可能性？"

当我们这样提问时，孩子的思路就清晰了。他会逐渐建立自己的认知，并懂得对自己的所作所为负责。在思考的时候，他就会冷静下来，然后理性地沟通。这时你会发现一个奇迹出现了，那就是孩子不再对你大吼大叫，当他听到你的建议时，甚至还会点头。

所以，父母如果能学会向孩子提问，而不是总用告知的方法沟通，对叛逆的青春期的孩子将会有莫大的帮助。

还有一点也非常重要，就是我们要学会反映情感。换句话说，我们要能说出孩子此时此刻内心的感受。

你可以对孩子说：

"我知道你听到妈妈这样说你很失望。"

"你很想跟同学一起打游戏，对吗？"

"爸爸知道你现在很生气。"

这时候你就能看到孩子开始"软化"，然后他会向你倾诉。当孩子的情绪趋于稳定，你和孩子之间的沟通，就会从"鸡飞狗跳""大吵大闹"转变为倾心畅谈。

之前有很多父母问我，他们的孩子已经开始叛逆了，他们担心如果不对孩子"强硬"，孩子可能会做出更出格的事，甚至到不可收拾的地步，该怎么办？

其实，父母跟孩子好言好语地沟通，不代表父母就要放弃权威。

当孩子进入青春期时，父母也要尽快完成身份的转换，从事事都为孩子安排的"空中交通管制员"转换为"教练"。

"教练"的身份意味着什么？

教练不可能替球员上场打球，所以真正去解决问题的那个人，是孩子，而不是父母。

我非常喜欢《解码青春期》中的一句话：

"你可以控制孩子，或者你可以帮助他们成长，但是二者不可兼得。"

我家孩子嘟嘟，有时会对老师的行为产生怀疑，他回家后就会和我讨论。这说明我在家里是他的权威，他相信爸爸的声音。所以成为"教练"不意味着不再管孩子，而是我们要在孩子面前建立起一个可信的形象，让孩子遇到任何问题都愿意跟我们商量。很多孩子经常对父母说"这是我们老师说的"，于是父母对孩子说什么都没用，这也是孩子跟父母对抗的一种表现。

那么，如何做才能在家庭里树立起权威，成为合格的"教练"呢？其实我们只需要抓住三个关键就可以了。

首先是要更加关注孩子的个性发展，而不是只盯结果。

此外，好的"教练"要有意识地跟孩子讨论毁灭性失败。比如酒驾出了车祸后死亡、吸毒带来的可怕后果等。一个人在青少年时期如果父母没有尽到责任，不跟他探讨这些问题，一旦毁灭性失败出现，双方都无法接受。

再有，要学会用价值观而非情绪来管教孩子。你在管教孩子时会发脾气吗？会对孩子拍桌子、摔东西吗？会对孩子说"你太让我失望了"吗？如果你也这样做，孩子只能从你身上学到负面情绪，而不是任何价值观。如果你能平和地告诉孩子，每个人做错了事，都要自己负责；或者告诉孩子，我说过要保护你，我就会保护你，这就是在向孩子传递价值观。

所以，跟青春期的孩子相处的秘诀，就是学会提问、反映情感、做孩子的"教练"。如果你觉得改变青春期的孩子很难，那不妨尝试从改变自己开始。当你真的这样做了，你就会发现，青春期叛逆其实并不是孩子的错。

核心要点

与青春期的孩子相处的关键在于学会提问、反映情感和成为"教练"式的父母，促进孩子的自我认知、责任感和个性发展，而不是简单地控制或命令。

1. 提问而非命令：父母应该通过提问来引导孩子思考，而不是简单地告知他们该做什么。这种方法有助于孩子建立自己的认知，学会对自己的行为负责。

2. **反映情感**：父母需要识别并表达孩子的情感，这有助于孩子感到被理解和接纳，从而更愿意与父母沟通。

3. **身份转换**：父母应从"空中交通管制员"转变为"教练"，这意味着父母的角色是支持者和指导者，而不是控制者。

4. **权威与成长**：父母在与孩子沟通时，应保持权威，但这种权威是为了帮助孩子成长，而不是控制他们。

5. **关注个性发展**：父母应关注孩子的个性发展，而不仅仅是结果。

6. **讨论毁灭性失败**：父母应与孩子讨论可能导致毁灭性后果的行为，以预防潜在的风险。

7. **用价值观管教**：父母应使用价值观而非情绪来管教孩子，教导他们正确的行为准则。

8. **从改变自己开始**：如果改变青春期的孩子很难，父母应该尝试改变自己的沟通方式和行为。

父母应转变为"教练"角色，通过提问而非命令来引导孩子思考，反映孩子的情感，用价值观而非情绪来管教孩子，关注个性发展，讨论潜在风险，并树立权威，以帮助青春期的孩子健康成长。

没有被温柔相待的孩子更容易叛逆

曾有家长问我,青春期孩子的叛逆,或者更严重的不良行为能不能预防?我觉得预防很重要,至少能让我们在孩子青春期到来后,不会那么手忙脚乱,让孩子在进入青春期后不会太不配合,做出出格、过分的事。

在谈这个问题之前,我要先分享一段我的亲身经历。

我从库尔勒回来,在北京的机场等行李。当时我戴了一顶鸭舌帽,还围了一条能遮住脸的围巾,所以周围的人都没认出我。在我身后,一位妈妈带着一个八九岁大的女孩。

那个小姑娘不知道跟妈妈说了什么,然后妈妈说:"你说话声音这么小,谁能听见?算了,你别跟我说了,我不想听你说话,我不想理你。"看到妈妈是这样的态度,孩子立马就蔫了。

我只是回头看了一眼,有些不好意思搭话。随后,那位妈妈又开始训孩子:"这么简单的题,你才考98分,丢不丢人?"

我一听，98分都不行？就在这时，这位妈妈打了孩子一巴掌，就拍在她的背上，说道："你还要不要脸？"

我吃了一惊。这孩子并没有做什么不要脸的动作啊！原来是妈妈嫌孩子弯腰驼背了，想让孩子站直。这会儿，这个孩子居然没有哭，还是很乖的样子，然后站直了。我觉得，如果我再不管，任由她的妈妈这样下去，这个孩子一定会被毁掉。

我不想和这位妈妈发生冲突，所以我走到小姑娘的身边，弯下腰对她说："98分已经很高了，挺棒的！"

小女孩很紧张，不敢和我说话。她的妈妈就对我说："这么简单的填空题都不会！在天上飞呀飞，在地上跑呀跑，在水里填什么？她写个爬呀爬！"

听到这儿我就乐了。我问小姑娘："你是不是养过小乌龟呀？"

小姑娘看着我依然不敢说话。妈妈说："对，她就是看乌龟爬才这么写的。"

我说："那就算填对了吧，这两分应该有，你应该得100分，你的老师水平一般。"

这时我就跟这位妈妈讲："你不能骂她，不然会把她的大脑前额叶皮质搞坏的。孩子的前额叶皮质如果不发育，将来就会没有自律性，没有管理自己的能力，到了青春期，你根本管不了她，这会非常危险。而且，你越骂，她的成绩就会越糟。"

这位妈妈对我说："我也不想这样，你知道我有多焦虑吗？你知道海淀妈妈们有多厉害吗？她们的孩子一年级就考PET，我们连PET是什么都不知道！我这次带孩子来北京，就是要让她看看清华北大。"

我认真地对她说："你只看到别人家孩子考PET，你看到别人家孩子得抑郁症了吗？你看到清华北大的学生被退学了吗？还有些孩子甚至要自杀，你看到了吗？"她愣住了。

我继续说："很多孩子都是学得越早'疯'得越快。"

这位妈妈问："那该怎么办？我们太焦虑了。"

我说："她现在最需要的就是你的爱。你温柔地对她说话，这比什么都重要。只有父母学会温柔地跟孩子说话，孩子的头脑才能够发育好。你放心，这样做，孩子就能够一直考高分。"

聊到这儿，这位妈妈的态度就开始改变。她开始抚摸孩子的头发，然后说："我们家孩子其实一直挺乖的。"

我告诉她："你既然知道自己的孩子乖，你还这样骂她，那就是在欺负她。你要多看她的优点。还有，千万不要陪孩子写作业。"

这个时候，小姑娘张口问道："妈妈，小乌龟就是在水里爬呀爬，我这么写为什么错了呢？"

我问她："你知道小乌龟是两栖动物吗？"

她说："我知道。"

我接着问她："它在陆地上爬呀爬，那跳进水里后，四只脚不沾地时会怎样？"

小姑娘说："哦！游呀游。"

我说："对，所以你看，你的老师也没错。"

聊到这儿，这位妈妈已经越来越温柔，她问孩子晚上想吃什么，孩子说想吃北京烤鸭，她便含着笑容说道："好！就吃烤鸭，庆祝你考 98 分！"

这件事带给我非常深刻的感触。我觉得，每位家长都是非常爱孩子的，家长的内心都藏着一份温柔，但它被焦虑遮蔽住了。不过，只要有一点点的提醒，他们就能重新找到这份温柔。

同时，我也在思考，一位库尔勒市的家长竟然被网上"海淀妈妈"的帖子搞得如此焦虑，这一点也让我感到深深的担忧。其实，由于超前教育，很多孩子都被家长"透支"了。这些孩子在小的时候很乖，很配合家长。你看到孩子能拿多少奖状、证书回来就很高兴，但其实这些都是虚荣性指标，孩子内心的动力反而会越来越少。等孩子进入初中、高中后，就突然不学了，到那时，家长说什么都没有用。很多父母向我吐苦水，说自己的孩子小时候多么优秀，一到青春期就大变模样，大概就是这个原因。

所以，一个青春期的孩子有多叛逆，跟父母的焦虑程度是有很大关系的。父母首先要学会温柔地对待孩子，不要被虚荣性指标"迷晕"。更重要的是，要更加关注孩子大脑、心理的发育，这样他们才能有"后劲"，不会在青春期走向迷途。

核心要点

预防青春期的孩子的叛逆和不良行为，关键在于父母要学会温柔地对待孩子，避免因焦虑而采取错误的教育方式，同时关注孩子的心理和大脑发育，以培养其内在动力和自我管理能力。

1. **家长的态度对孩子的影响**：家长的负面语言和行为不仅会伤害孩子的自尊，还可能影响他们的大脑发育，特别是前额叶皮质，这关系到孩子的自律性和自我管理能力。

2. **温柔的沟通方式**：家长应该以温柔、鼓励的方式与孩子沟通。温柔地对待孩子，可以促进孩子大脑的健康发展，提升他们的自律性和自我管理能力。

3. **避免过度焦虑**：家长的焦虑会传递给孩子，导致孩子在学习和生活中承受巨大的压力。过度焦虑不仅无助于孩子的成长，反而可能引发更多的问题。

4. **重视孩子的优点**：家长应该更多地关注和表扬孩子的优点，而不是一味地批评和指责。这样可以增强孩子的自信心，帮助他们更好地成长。

5. **避免虚荣性指标**：家长不应过分追求孩子的学业成绩或其他外在成就，而应更关注孩子的内心发展和心理健康。过度追求虚荣性指标可能会让孩子失去内在的动力和兴趣。

6. **青春期的叛逆与家长焦虑的关系**：青春期孩子的叛逆行为很大程度上与家长的焦虑程度有关。家长的焦虑会影响孩子的心理健康，导致他们在青春期出现更多的问题。

家长在孩子成长过程中扮演着至关重要的角色，通过温柔、理解和支持，可以帮助孩子健康地度过青春期，避免叛逆和不良行为。

如何应对孩子青春期的挑战

青春期的孩子总会给父母带来各种各样的挑战,有没有一套方法可以指导父母按部就班地去应对呢?这些挑战的引发原因、特点都差不多,所以我总结了下面这套方法,希望每位父母都能有所受益。

青春期最常见的挑战就是亲子关系方面的。你会发现,你跟孩子讨论问题会变得很困难,孩子经常会发脾气,并说:"我没错!你根本不了解我。"这时候,我们最需要掌握的技能就是倾听。

我曾写过一本书,叫《可复制的领导力》,里面有一章专门讲了倾听的技巧。

倾听的要点是吸收双方信息。所以,在和孩子沟通前,我们要先完成这三个步骤:深呼吸—提问—复述。

我们要先保证自己的情绪不被叛逆的"熊孩子"影响,所以一定要先深呼吸。

在孩子情绪失控的时候,他说的都是气话,会忽视讲述事实。所以在我们冷静以后,一定要向孩子提问。我建议父母多向孩子提一些开放性的问题,就是那些不能轻易用"是"或"不是"来回答的问题,要让孩子多说自己的想法。

比如,男孩子在学校跟同学打架,你可以问他:"你们一开始在一起玩些什么?后来发生了什么?他打你的时候你是怎么想的?看到他被你打倒时,你又做了什么?为什么这样做?"等。全面地设置开放性问题,就可以把孩子肚子里的话都问出来。

然后你要向孩子复述他所说的内容,目的是让亲子双方对探讨的问题保持理解上的一致,这样就不容易产生误会,孩子就不会因为委屈而对父母的提问闭口不谈。

倾听之后就要好好沟通。很多时候,我们与人争吵时,都是在不断地抓对方的语言漏洞。请你回忆一下,你和孩子争吵时是不是这样?人在吵架的时候,肾上腺素分泌旺盛,所以反应会非常快,讲话经常不过脑子。这时候,我们的争吵只是在处理问题,却没有很好地处理情绪。所以吵架除了让双方都很伤心,让大家内心的伤痕更重之外,没有任何帮助。所以,这时候一定要先处理氛围和情绪。

有一个很重要的沟通技巧,就是对孩子要有情绪上的认同。

叛逆的孩子"发起疯来"的确让父母手足无措。所以我们要学会用"认同"化解孩子的失控情绪。最简单的方法就是引导孩子承认自己有着怎样的情绪,让他知道自己的状态如何。我曾用这个方法哄孩子，非常有效。

有一次，朋友家的孩子来我家做客，他和我的孩子在一起相处得非常愉快，一直玩到了晚上9点半。这时候他的妈妈起身要回家，他就开始大哭大闹，怎么说都不愿意走。朋友看见孩子这样闹就有些生气，说："今天就不给你面子了！"然后卷起袖子就准备打孩子。

空气中的火药味越来越浓，于是我赶紧上前劝阻。我对那个孩子说："你是不是觉得今天没玩够？"孩子说是。

然后我又问道："是不是妈妈现在着急让你走，你觉得特别难受？你舍不得离开这个地方？"

孩子回答说："对呀，因为我在家里很少能这么开心地玩。"接着，孩子还一口气跟我说了很多他平时在家的情况。

听到这儿，我继续跟这个孩子谈："妈妈刚才对你说话的语气，是不是让你感到没有被尊重？"

孩子说："是的，你都不知道，我妈妈在家对我可厉害了……"

就这样，在我不断的引导下，孩子的情绪就在倾诉的过程中逐渐平复。然后我对他说："你看，今天你玩得这么开心，你也希望今天有一个快乐的结尾，对吧？我们约定下次你还来我家玩。但是今天我们已经玩了一整天了，你的妈妈也很累了，我们再玩十分钟，之后你就跟妈妈回家，好吗？"

孩子一口答应道："好。"

很多时候，孩子是因为觉得我们不理解他，才会跟我们闹

127

别扭。所以，只要让孩子感受到情绪上的认同，叛逆的问题就解决了一半。

我在一些演讲会上，经常能遇到父母问我这样的问题：叛逆的孩子该怎么对付？我想请大家注意这句话的用词。这些家长用的是"对付"，但我更想用"帮助"。

日野原重明写了一本书，书名叫《活好》，里面讲述了很多作者自己的成长故事。你知道日野原重明小时候不听话，躺在地上打滚，他的妈妈是怎么说的吗？他的妈妈非常有耐心，站在旁边说，重明这个孩子将来长大了，不知道会成为一个无赖呢，还是会成为一个了不起的人呢？孩子能够感受到父母的慈爱与耐心，正是因为父母在他叛逆时"帮助"他，而不是"对付"他。由此，他才能成长为一个了不起的人。

有些家长会问，如果孩子说谎怎么办？

即使孩子辜负了你的信任也不用焦虑，他说谎可能是出于两种原因：一个是他在自我保护，另一个就是他太在乎你了。

孩子因为在乎你，怕失去你，或者他怕被你瞧不起，被你骂，所以他不敢跟你讲真话。但这样做反而更深地辜负了你，这该怎么办？

我建议父母首先要改变自己的看法。因为孩子今天的错误只是一件小事，他早早地暴露了出来，就能尽早改正。所以，你要努力地平息怒火，控制住自己失望与恐惧的情绪。然后，你再平和地告诉孩子,你之所以这么担心,是因为他的行为可能会导致毁灭性后果,你要向他强调是什么事让你感到害怕。

只要仔细体会就能发现,这时你在向孩子展示的是自己脆弱的一面,当孩子看到这一面时,他就会成为与你一起解决问题的人,而不是问题本身。所以请相信,当你能够向孩子展示脆弱时,孩子也会向你展示脆弱,你们就能够共同走向解决问题的正确方向。

在取得了良好的沟通成果后,你就要鼓励孩子做自我评估。现在,这件事已经过去了,你就要问他:"你还希望自己像刚才那样做吗?如果这个事件重演,你会做出哪些不同的选择?"学会在事后进行自我评估是孩子走向成熟的第一步,你要告诉孩子,当你与他人的人际关系出现问题时,你会道歉,这就是成熟的表现。

做错了事,就要学会补救。比如,你可以带着孩子一起去拜访那个被伤害的孩子。还有一点,你要劝说孩子懂得顺其自然,不要期望他人一定会接受自己的道歉。因为有时候矛盾太深,就会留下一道伤疤,这是很正常的。

等这个事情过去之后,你就要为孩子立一个家规,这一点非常重要。父母最好营造一个良好的氛围,比如全家人在一起吃烛光晚餐。要在大家都很开心的时候把要求提出来。你可以告诉孩子:"咱们需要讨论制定一些规矩,这些规矩能够让我们的家庭更和谐,免得我们以后老吵架。"

在制定家规时，一定要邀请孩子一起参与。你要问孩子他想要什么特权，告诉他你有哪些要求，然后制定惩罚措施，再写成条款。制定家规不是为了惩罚孩子，而是要约束所有家庭成员。最后，每位家庭成员都要签名，日后一定要坚决执行。

与青春期的孩子的沟通在平时，不在"战时"。我有一个很好的办法推荐给大家：请你准备一个漂亮的笔记本，每天在上面写上你想和孩子说的话，然后把它放在孩子的床头。等到第二天孩子上学后，你再去翻一翻，看看孩子有没有给你留言。这个笔记本将会成为你家庭里的宝贵财富。

青春期的孩子虽然会给你带来很多麻烦，但当你看到孩子真正成长了、成熟了，也会收获莫大的惊喜和幸福。所以，别被青春期的麻烦吓倒，要记得，永远和孩子站在一起。

核心要点

与青春期的孩子进行有效沟通才能应对挑战。

1. **倾听的重要性**：倾听是沟通的关键，需要吸收双方的信息。在与孩子沟通前，先进行深呼吸、提问和复述三个步骤。

2. **沟通技巧**：提出开放性问题，让孩子多表达自己的想法。复述孩子的话，确保双方理解一致，避免误会。

3. **情绪管理**：在沟通中，首先要处理氛围和情绪，避免争吵。

认同孩子的情绪，引导他们承认自己的感受。

4. **情绪认同**：通过认同孩子的情绪，帮助他们平复情绪，减少叛逆行为。引导孩子表达自己的感受，理解他们行为背后的原因。

5. **信任与诚实**：如果孩子说谎，理解他们可能是出于自我保护或在乎父母。改变自己的看法，展示自己的脆弱，与孩子共同解决问题。

6. **自我评估**：鼓励孩子在事件过后进行自我评估，思考不同的选择。学会道歉是成熟的表现，教育孩子如何弥补错误。

7. **家规的制定**：与孩子一起制定家规，确保所有家庭成员都参与并遵守。家规的目的是约束所有家庭成员，而不是单方面的惩罚。

8. **日常沟通**：通过写日记或留言本留言的方式，与孩子进行日常沟通。这种方式可以增进理解和亲密感，成为家庭的宝贵财富。

9. **积极态度**：保持积极态度，看到孩子的成长和成熟，享受与孩子在一起的时光。

父母应通过倾听、情绪认同、正确引导、事后自我评估、建立家规以及日常沟通来建立积极的亲子关系，帮助青春期孩子健康成长，同时维持和谐的家庭环境。

给予孩子向校园霸凌说"不"的勇气

美国大概每年有 3200 万名青少年会在学校和网络上遇到各种各样的霸凌事件。校园霸凌以各种各样的方式存在着,侵害孩子的身体和心灵,为他们带来难以治愈的创伤。如果你的孩子无精打采、闷闷不乐、不愿意去学校,请你一定要关心他,确定孩子是否正在遭受校园霸凌。

暴力、孤立、排挤……相信每一个父母都不希望这些令人心痛的词汇出现在自己孩子身上。作为家长,我们如何让孩子远离校园霸凌,在青春期拥有快乐、健康的校园生活呢?

青少年成长的过程和小兽成长有共同点,他们的身上有一种兽性,他需要练手、打人,我管这个过程叫"青春期的残忍"。

校园霸凌大多发生在缺乏爱的孩子身上。欺负人的孩子就像是有一个"雷达",谁看起来最可怜、最孤独、不敢说话,他们就欺负谁。他们专门找那些没人保护的孩子欺负,因为他们知道那些孩子缺乏后援。他们知道欺负这样的人最保险,因为这样的人不敢跟别人说。

为什么被欺负的孩子不敢跟别人说这些事?因为他知道,自己跟谁说都没有用。家里没人管他,甚至会责怪他。这就是霸凌生成的逻辑。如果在这个过程中,家长忽略了这个孩子的感受,导致的结果就是孩子不愿再开口。

在孩子遭受校园霸凌的时候,家长一定不要对孩子造成二次伤害。一个孩子在学校被欺负,他不敢告诉大人,因为他知道,说出这件事会再挨一次揍,这就是二次伤害。很多家长听说自己的孩子在校园里被欺负,第一反应是暴怒:"为什么人家不欺负别人,就欺负你?""你为什么这么没出息?""你怎么不打回去?"这些暴力情绪会让孩子根本不敢跟家长倾诉。

所以家长一定要记得,你是孩子最重要的安全屏障。当孩子在外面受到了欺负,他告诉你这件事,或者你看到他身上有伤痕,你发现他不愿意去上学,请不要责怪他、打骂他,而应该温柔、耐心地问清楚到底发生了什么事。如果这个事情很严重,你需要到学校去,陪着孩子上几天学,接孩子放学,让其他人知道你的孩子有人管、有人爱,必要的时候,你需要挺身而出,去跟那些霸凌别人的孩子面对面交流,约对方的家长见面,这样你才能真正地成为孩子的主心骨。

另外，不要让我们的孩子成为欺凌别人的人。父母是孩子的一面镜子，你对孩子的殴打、辱骂也许正在不知不觉地影响着他们，这些暴力行为正不知不觉地传递到他们身上。

青春期的孩子很难控制自己的行为，有的时候会做出很多残忍的事，家长必要的关注和干涉是非常重要的。孩子为什么会以暴力的方式对待别人？这和他的父母是怎么对待他的息息相关。假如孩子从小被对待的方式就是呵斥、打骂，大人总是用强势的方法来规定他的一言一行，那么他们就会失去对自己生活的掌控力。自己所有的事情自己说了都不算，那么他们自然会用着急、生气的情绪对待身边的一切，逐渐演变为暴力行为。

这些霸凌者本身也是缺乏爱的孩子。如果一个人的内心有爱，他跟别人有良好的互动，会好好说话，他就不会随便打别人、侮辱别人，因为他能与别人感同身受。如果孩子和家长的关系很好，他的性格乐观开朗，他就比较容易跟别的同学融洽相处。

有一次，有一个家长向我提问："4月30日是国际不打小孩日，在这一天孩子做出出格的事，要不要打他？"这样的家长认为，打孩子是父母必备的武器，如果没有这个武器，那所有的孩子都管不了了。大家习惯了奴役，你压迫我，我压迫你——你的父母压迫你，你就继续压迫你的孩子。长此以往，孩子会在这样的影响下总是想要去控制别人、呵斥别人，用暴力的手段给对方施加压力。

当孩子遭遇暴力行为时，我们可以这样指导孩子：首先，反击肯定不是一个好办法，对方往往比自己强大，直接"作战"也许会吃亏。但默不作声会被打得更厉害，对方会长期地欺负你。专家建议的最好方法是你要像岩石一样坚定，要大声地说出"我不高兴""我很生气"，用坚定的目光瞪着他，跟他反抗。当然，必要的还手也是可以的。重要的是，要告诉对方自己会寻求家长和老师的帮助。

另外，千万不要以为打人才是霸凌。在学校里不理一个人、孤立一个人同样能使人受到严重的伤害。

我初中的时候就遭到过排挤，排挤我的人是一个老师。这个老师经常骂我，原因是我上课的时候老喜欢接话。老师出了题，我就在讲台下说答案，惹得这个老师经常生我的气。那个时候我个子矮，本来坐在第一排，后来他把我调到了最后一排。当时我前面的同学个子特别高，我一个一米四的人坐在人家后面，什么都看不见。我的位置甚至在最后一排的角落里，每周换一次座位的时候，唯独不让我换。这个老师还和别的老师说："上课的时候别让樊登发言，轮到他就跳过去。"这个老师可能是想纠正我话多的毛病，但是方法完全用错了。

现在请你想一想，如果是你的孩子遇到了这个情况，并把这件事告诉了你，你会怎么做？

父母要明确，孩子把这件事告诉了你，就是想获得你的支持。

首先，父母应该到学校找到老师，但不要上来就说"你在排斥我的孩子"，而是要先说事实，比如"我的孩子回家告诉我，他这一个月都坐在教室的角落里,不能参与换座位,而且上课发言轮到他的时候,很多老师就把他跳过去了,我想问问有没有这样的情况?如果有,原因是什么?"

其次,说出你的担心:"我觉得这样的情况会对孩子产生不好的影响,作为家长我很重视这件事情。"

接着,听一听老师的反馈,问问老师是怎么想的:"您希望他做出什么样的调整,您可以跟我说,我会跟孩子沟通。"

最后,表明自己的态度:"即使一个孩子喜欢说话,也应该得到平等的对待。"当家长展示出有理有据、有涵养的一面,你的话就会变得有分量,你就成了孩子最坚实的后盾。

我们要给予孩子无条件的爱,他们长大后才不会成为欺凌者。也只有我们成为孩子心中的力量,他们在面对欺凌时才有勇气说"不"。

核心要点

父母要认识到校园霸凌的严重性,给予孩子无条件的爱,成为他们心中的力量,确保他们在青春期能够拥有健康、快乐的校园生活。

1. **校园霸凌**:校园霸凌行为不仅包括身体上的暴力,还包括心理和情感上的孤立和排挤。
2. **家长的角色**:家长是孩子最重要的安全屏障。当孩子遭受霸凌时，家长应给予关心和支持，而不是责怪或打骂。

3. **避免二次伤害**：家长在得知孩子被霸凌后，应避免因愤怒而对孩子进行二次伤害，应耐心询问情况并提供帮助。

4. **积极干预**：家长应积极参与孩子的学校生活，必要时与学校沟通，甚至与霸凌者或其家长进行交流，以保护孩子。

5. **教育孩子**：家长应教育孩子不要成为霸凌者，并通过自身的行为为孩子树立榜样，避免使用暴力和辱骂手段。

6. **应对策略**：家长要教育孩子在面对霸凌时，应该坚定地表达自己的不满，必要时可以还手，但更重要的是寻求家长和老师的帮助。

7. **无条件的爱**：给予孩子无条件的爱和支持，帮助他们健康成长，避免成为欺凌者或被欺凌者。

家长在预防和应对校园霸凌中发挥着关键作用，包括提供情感支持、成为孩子的安全屏障、积极与学校沟通、教孩子正确的应对策略，并给予孩子无条件的爱和营造健康的家庭环境，以培养孩子健全的人格，避免他们成为霸凌者或受害者。

场景应用

"教练式"陪伴在青春期教养中的应用

场景	成因	应对策略
家长与青春期的孩子沟通时遇到障碍，孩子出现逆反行为，不听从家长的建议和指令。	1. **家长过度说教**：家长习惯于告诉孩子该做什么，而不是引导孩子自己思考。 2. **缺乏自主性**：孩子因家长的过度指导而没有机会学习如何对自己的行为负责。 3. **沟通方式不当**：家长经常使用命令或告知的方式，而不是开放性提问和倾听。	1. **使用提问代替说教**：通过提问引导孩子自己思考问题，而不是直接给出答案。 2. **鼓励自主决策**：让孩子参与决策过程，学习对自己的选择和行为负责。 3. **建立权威而非强制**：通过建立信任和可靠形象，成为孩子愿意寻求帮助的"教练"。

(续表)

场景	成因	应对策略
家长与青春期的孩子沟通时遇到障碍，孩子出现逆反行为，不听从家长的建议和指令。	4. **家长权威过度**：家长可能过于强调自己的权威，导致孩子感受到压迫。	4. **自我改变**：家长应从自身做起，通过改变自己的沟通方式和教育方式来影响孩子。
孩子到了青春期，情绪容易失控，亲子关系紧张。	1. **生理变化**：青春期孩子的身体和心理都在经历快速变化，这会导致他们的情绪波动较大。 2. **寻求独立性**：孩子在成长过程中寻求更多的自主权和独立性，可能会与父母的期望发生冲突。 3. **社会影响**：同伴压力和社会文化对孩子的影响可能促使他们尝试新行为，有时与家庭价值观不符。	1. **学习倾听**：父母应学习倾听技巧，包括深呼吸、提问和复述，以理解孩子的真实想法和感受。 2. **使用开放性问题引导**：在沟通中多使用开放性问题，鼓励孩子表达自己的观点和感受。 3. **情绪认同**：对孩子的情绪给予认同，帮助他们认识和表达自己的情绪状态。 4. **适当展示脆弱**：父母也可以向孩子展示自己的脆弱，从而建立更深层次的情感联系。

(续表)

场景	成因	应对策略
孩子到了青春期，情绪容易失控，亲子关系紧张。	4. **父母教育方式**：父母的沟通方式可能无法适应孩子的成长需求，如过多说教、缺乏倾听等。 5. **情绪管理能力不足**：孩子可能尚未学会如何有效管理自己的情绪。	5. **制定家规**：与孩子一起制定家规，明确家庭成员的责任和特权，以及违反规则的后果。 6. **建立沟通渠道**：使用笔记本等方式建立日常的沟通渠道，增进亲子间的理解和信任。
孩子在学校或网络上遭受校园霸凌，总是无精打采、闷闷不乐，不愿上学。	1. **缺乏关爱**：孩子可能缺乏家庭的爱和支持，使其成为霸凌者的目标。 2. **社交技能不足**：孩子可能缺乏适当的社交技能，难以融入集体，容易受到排挤。 3. **学校环境**：学校可能存在忽视霸凌问题的现象，未能提供安全的学习环境。 4. **家长忽视**：家长可能因忙碌或其他原因忽视了孩子的感受和遭遇。	1. **倾听和关注**：家长应主动倾听孩子的感受，关注他们的情绪变化。 2. **提供支持**：确保孩子知道他们有家长作为坚强的后盾，家长愿意提供必要的支持和保护。 3. **与学校沟通**：与学校老师和管理人员沟通，确保校方了解并采取措施解决霸凌问题。

(续表)

场景	成因	应对策略
孩子在学校或网络上遭受校园霸凌，总是无精打采、闷闷不乐，不愿上学。	5. **模仿行为**：孩子可能模仿家庭或媒体中的暴力行为，成为霸凌者。	4. **避免二次伤害**：家长在得知霸凌事件后，应避免责怪孩子，不增加其心理负担。 5. **识别霸凌**：教育孩子识别各种形式的霸凌行为，并鼓励他们在遇到问题时寻求帮助。 6. **培养自尊和自信**：帮助孩子建立自尊和自信，使他们能够更好地应对社交挑战。 7. **正面引导**：通过正面引导而非暴力手段教育孩子，避免他们成为霸凌者。

第 6 章
养育是一个系统工程

避免过度规划和控制,让孩子自由探索,帮助孩子克服自卑,培养内在动力和创造力,从而促使孩子成为能够自我管理和自我激励的独立个体。

孩子的成长是独一无二的复杂体系

教育孩子是一个复杂的问题。

我出生在一个教师家庭，我爸爸是数学老师，妈妈是语文老师，我从小就经常看他们教学、上课。在我做了"帆书"之后，我发现很多家长和老师缺乏基本的教育学原理训练。

什么是教育学原理训练？

这个世界有两种学问，一种叫复杂科学，一种叫简单科学。

简单科学就像造一个机械一样，所有零件都可以拼凑起来，现在很多家长为孩子提供的教育就是如此。他们眼中的好孩子就是数学好、语文好、英语好、体育好，把所有的"好"分成一个一个学科，"拼凑"出一个孩子。

但人类是一个复杂的体系，你不知道一个孩子会因为哪一句话、哪一件事、哪一段旅程而变成了一个不一样的人，这些都是你无法掌控的。

现在我们可以知道，简单体系和复杂体系的最大区别就是因果关系是否清晰。

常见的简单体系就是汽车。汽车冒黑烟，你就知道它烧机油了；刹不住车了，你就知道它刹车坏了。相反，蚂蚁窝就是复杂体系。我们能够理解蚂蚁窝，但是理解不了蚂蚁。不同的 100 万只蚂蚁怎么就可以合作了？它们是怎么想到让谁指挥的？

所有复杂体系最重要的特点就是自我迭代和应用。复杂的生命体就是靠极简单的东西长期迭代形成的。人看起来这么复杂，就是靠我们大脑神经元的长期迭代，这个过程具有随机性，能够产生大量的"惊喜"。

有一次，我遇见一个会员，他问我："樊老师，你小时候几岁上学？小学读什么学校？中学读什么学校？大学读什么学校，学什么专业？"

我说："你为什么好奇这个？"

他回答："我想模仿您，去安排我孩子的求学轨迹。"

无独有偶，有一位妈妈把孩子送进了一所名校，很多人都围着她请教，说："请您传授点儿经验吧，把孩子培养得这么优秀，你是怎么做到的？"

孩子的妈妈特别得意，说："高三这一年，盯死他，别管他想要什么，别管他说什么，一律盯死，保证他除了学习就是学习，一定能考上。"

妈妈觉得很得意，她终于成功了，而她的孩子就坐在旁边，紧绷着脸。

像这样给孩子安排好一切，对孩子真的好吗？我们替孩子操再多的心，又能陪伴他们多久呢？

如果我们用对待机械的方式对待孩子，结果就是家长感觉特别吃力，孩子感觉特别痛苦，亲子关系变得越来越紧张。

当一个孩子心中存在抑制不住的生命力，他就会不断地去探索、去找书读。这才是一个人生命发展最重要的来源和力量。

但是很多家长今天完全做反了，老师和家长变得无比焦虑，特别希望孩子像一辆汽车一样，有一个开关，一按就考上大学了。

但是，这个孩子在这时想去哪儿，连他们自己都不知道。他没有内在的 GPS，也就是自己成长的动力。

了解了复杂体系和它的不确定性之后，从底层逻辑上我们就能知道，放松对孩子有多么重要。家长对孩子的过度规划很有可能会限制他。

人生的幸福来自很多选择与各种可能性，让孩子沿着属于自己的路线前进，才能让他的生命充满创造力。

核心要点

教育不应简化为机械式地拼凑学科优势，而应理解孩子作为复杂体系的个体，本身就拥有自我迭代和不确定性。

1. **简单科学与复杂科学**：简单科学可以像组装机械一样，将各个部分拼凑起来；而复杂科学，如教育，涉及的是人类这一复杂体系，其因果关系并不总是很清晰的。

2. 复杂体系的特点：复杂体系如人类社会和生态系统，具有自我迭代的特点，简单的元素通过长期迭代，其复杂性就会形成。

3. 家长的误区：一些家长试图模仿成功人士的教育经历来规划孩子的未来，或者通过过度控制和施加压力来确保孩子取得好成绩，这些做法可能会限制孩子的发展。

4. 内在动力的重要性：真正的教育应该激发孩子内在的探索欲望和学习动力，而不是简单地追求外在的成绩。

5. 过度规划的风险：家长对孩子的过度规划可能会限制孩子的创造力和自我发展。

6. 教育的真正目标：教育应该帮助孩子找到自己的道路，培养他们的创造力和独立性，而不是简单地追求标准化的成功。

7. 人生的幸福与选择：人生的幸福来源于能够做出选择和拥有探索各种生活方式的可能性，家长应该支持孩子沿着自己的路线前进，而不是替他们做出所有决定。

家长和教育者应避免过度规划和控制，让孩子自由探索，培养孩子的内在动力和创造力，以实现其生命发展的丰富性。

父母的认知水平决定孩子的起跑线

孩子最容易产生认同的对象就是家人。

孩子的事,用一句话就能概括:"所有孩子的问题,都得在家长身上找原因。"只有家长提高修养、变得更好,才能从根本上解决孩子的问题。

我们常说:"不要让孩子输在起跑线上。"这句话常常被很多人骂,但是,要看我们怎么去理解这句话。

我们要理解什么叫"起跑线"。如果把学区房、车子看作起跑线,那这的确是一句很糟糕的话。但如果把父母的认知当作起跑线,这句话就挺对的。

首先我们要知道,认知水平并不等同于文化水平。

什么叫认知水平高的父母?孟母三迁的故事大家一定都听过。

孟母这个人本身没有什么文化,她就是觉得孩子不应该和那些打家劫舍的人,或者贩夫走卒待在一块,她希望自己的孩子去读书。就是这么一个朴素的认知,决定她做了一件正确的事情。

身教大于言传,孩子是家长的一面镜子。

真正的爱不是改变,而是影响。每个家长都要在自己身上多下功夫。大量的家长早早地放弃了自己,把所有愿望都寄托给了下一代。"我已经不行了。""我就这样了。""我以后就靠我儿子了。"他们在孩子身上不断地使劲,逼着孩子读书。

但这其实是一个恶性循环。孩子会越来越不爱学习,越来越瞧不起父母。父母起不到引领作用,而孩子又要被父母的权威所压制。

孩子向父母学习的最佳时机,是在日常生活当中,他们会看父母怎么处理问题、怎么说话、怎么对待自己的情绪以及对待别人所犯的错误。

所以,家庭教育的对象不是孩子,而是父母。如果每一个家庭的家长都在努力读书、学习,并且有追求,不断改变自己,那么这个家庭的氛围将是轻松愉快的,而且孩子能够看到榜样的力量,从而意识到学习的重要性,意识到读书能给生活带来哪些变化。这个时候的孩子对于生活,是"相信"的。

但如果整个家庭将注意力都放在孩子身上,孩子就会觉得整个家庭的不幸都来自自己的表现不好,他们会内疚、痛苦,进而愤怒和反抗。

比如，想培养一个孩子读书的习惯，不是买一堆绘本扔给他，而是父母在他面前经常读书。这里的读书绝对不能是假装的。如果看到孩子过来才把书拿出来读，孩子是能够发现的。

以前，我希望培养嘟嘟的阅读习惯，每天假模假式地在他面前读书，希望他能看到我总在看书。我以为他已经被我熏陶到了。

有一次，我很得意地问他："你觉得爸爸每天都在干吗？"

嘟嘟说："看手机。"

我很疑惑地反驳他："我明明是在看书啊！怎么是在看手机呢？"

嘟嘟听了之后就躺在沙发上，学我看手机的样子。

这又一次印证了，想让孩子变好，唯一的方法就是让父母真的变好。

父母首先不要放弃自己的成长。孩子最怕的是父母"不动"。有的父母是高级知识分子，但是他依然无法把孩子教好，他觉得自己已经很成功了，所以不需要改变，自己说的一切都是对的。

这种顽固的父母，无论知识水平是高还是低，都会给孩子带来巨大的痛苦。

一个孩子在和父母互动的过程当中，肯定会面临很多新的问题、很多之前没有遇到过的状况。因为孩子在不断长大，他有自己的人格和想法。而父母如果能够实时地更新自己的观念，不断地成长，就能和孩子一起探索这个世界，孩子会以你为榜样。

核心要点

家庭教育的核心在于父母的自我成长和身教，尤其是父母在孩子成长过程中的榜样作用。

1. **父母是孩子的榜样**：孩子最容易产生认同的对象是家人，尤其是父母。父母的言行举止会直接影响孩子的行为和认知。

2. **家庭教育的核心是父母**：家庭教育的焦点不应该是孩子，而是父母。父母需要不断提升自己的修养和认知水平，从而从根本上解决孩子的问题。

3. **认知水平与文化水平的区别**：认知水平并不等同于文化水平。孟母三迁的故事说明了，即使文化水平不高，但有正确的认知和行动，也能对孩子产生积极影响。

4. **身教重于言传**：孩子通过观察父母的行为来学习，而不是仅仅通过语言。父母的行动比言语更有说服力。

5. **父母的影响是潜移默化的**：孩子在日常生活中观察父母如何处理问题、如何说话、如何对待情绪和错误，这些都是他们学习的内容。

6. **父母的终身成长**：父母不应将自己的期望完全寄托在孩子身上，而应继续提升自我。这样，孩子才能看到榜样的力量，认识到学习的重要性。

7. **父母与孩子共同成长**：随着孩子的成长，父母也需要不断更新自己的观念,与孩子一起探索世界。

家长应通过提升自己的认知,改善自己的行为来正面影响孩子,而非单纯依赖物质条件或使用强制手段,这样才能为孩子营造一个积极的成长环境,并成为孩子学习的榜样。

让孩子学会自驱型成长

大家想想这么一个场景：你从办公室出来，一身疲惫地挤上地铁，到家后看到孩子坐在沙发上等着你，说："今天在单位表现得怎么样？受到表扬了吗？挣了多少钱？有奖金吗？比别人高还是低？"只要想一下这个场景就会觉得很荒谬。忙了一天回到家，孩子竟然这么质问我。

但是反过来想，这正是很多家长每天对孩子做的事。

教育孩子绝对不是靠你指责他、批评他，盯着他、催他写作业，这种方法只会让孩子越来越"抓狂"。要想把一个孩子教育好，唯一的方法是让孩子能够产生自驱力，这对所有家庭都是非常重要的。

自驱力来自健康的大脑，也就是说前额叶皮质必须很发达。我们在前面也提到过，前额叶皮质发育的前提就是压力小。

很多人希望孩子有自驱力，但是打压、吼叫、强迫、催促的结果正好是南辕北辙。

如果一个孩子不知道自己需要学习，再强迫他也没有用。他学完就忘，根本不会喜欢学习。

很多家庭中的父母天天跟孩子吵架，最主要的原因就是孩子不写作业。"你有没有写作业？""有没有交作业？"甚至有的家长还会说："你有没有按照我所规定的时间完成作业？"

在我们家，同样出现过这样的情况。

有时候，嘟嘟的外婆会用老一套的办法来督促嘟嘟："怎么还不写作业？赶紧写作业！快一点儿！"

嘟嘟很有意思，他和我讨论："爸爸，我有没有曾经、偶尔哪一次，忘记写作业或没交作业的情况？"

我想了想，回答他："你每次都会交作业。"

嘟嘟问："那外婆怎么总是不放心？"

我说："你可以和外婆谈一下。"

于是，嘟嘟对外婆说："外婆，你不要担心我的作业，要学习和考试的人是我。我能管好自己的作业和学习，我都能搞得定。"

外婆听了之后，心里还是有点不开心。我就开导老人家："您不用管他，这符合教育的规律，您就负责开开心心地生活就行。他想和您玩，您就陪着孩子玩一会儿。他愿意和您打牌，您也可以和他一起打。"

从此，嘟嘟做作业的时候根本不用人管他。他全身心地去做作业,根本不会去想:"做作业的时候会不会有人骂我、吼我?""电视剧我想看又不敢看,气死我了!"他不会产生类似的情绪,他决定去写作业,那就去写作业。所以他能用很短的时间把作业写完,考试成绩还很好。

这就是具有自驱力的表现。

那么,那些在父母长期打骂、催促下,缺乏自驱力的孩子是怎样的呢?

每次一到考试就紧张,动不动就想提前学习,每天压力都很大。这些孩子不是靠自驱力,而是靠外在的压力进行学习。他们觉得自己必须表现得好。

对于这样的孩子,我们要告诉他一个真相:没有哪门课的成绩能够保证你这一辈子过得好;没有哪个大学的文凭能够保证你这一辈子是一帆风顺的。

人生是一个综合力的表现,今后我们会遇到各种各样的困难,放松一点,尽量做到最好就行了。不需要和自己那么较劲,不需要咬牙切齿,发自内心地喜欢学习、喜欢探索,才是我们这一辈子最重要的力量来源。

想要提高孩子的自驱力,作为父母的我们应该怎么做呢?

我在讲解《自驱型成长》这本书时提到,我们应该成为孩子的"顾问型父母",常对孩子讲这三句话。

第一句:"你特别懂你自己,你可是自己的专家。"这句话能帮孩子建立自信心,让孩子意识到自己要对自己负责任。

第二句:"你脖子上长着你自己的小脑袋。"告诉孩子,他们要有自己独立的判断。

第三句:"你想要让生活中的一切都有条不紊。"孩子也希望自己的生活一切都井井有条,希望自己能够好好地掌控生活。这句话给了孩子强烈的心理暗示,让孩子知道他有意愿,也有能力做到。

要知道,孩子只是借由你来到这个世界,他们并不属于你。孩子不是你的私人财产、你的东西,而是独立的个体。

核心要点

孩子的自驱力来自健康的大脑,拥有自驱力的孩子才能够自主学习,并且发自内心地喜欢学习、喜欢探索。

1. **自驱力**:自驱力来源于健康的大脑,特别是前额叶皮质的发育,这需要一个低压力的环境。

2. **错误的教育方式**:传统的指责、批评、强迫和催促会适得其反,导致孩子产生抵触情绪,不利于自驱力的培养。

3. **孩子的自主性**:孩子需要意识到学习是自己的责任,而不是父母的责任。家长应该鼓励孩子学会自主管理学习,自主完成作业。

4. **家长的角色转变**:家长应该从传统的监督者转变为孩子的"顾问型父母",通过积极的沟通和心理支持来帮助孩子建立自信和独立性。

5. **人生观念的传递**：教育孩子认识到，成绩和文凭并不是人生的全部，综合能力、做事的态度和对学习与探索的热爱更为重要。

6. **家长的心态调整**：家长应该放松对孩子的过度控制，允许孩子在探索和成长中犯错，同时提供必要的支持和指导。

7. **孩子的独立性**：强调孩子是独立的个体，不属于父母，他们有权利和能力去塑造自己的生活。

父母应抛弃指责、批评等传统的教育方式，而是通过支持、鼓励和成为孩子的"顾问型父母"来增强孩子的自信和独立性，让孩子成为自己生活的主导者和学习的主人。

塑造孩子的自尊体系

培养孩子,一定要塑造他的自尊体系。因为一个人的自律水平,往往来源于他的自尊水平。

现在,很多家长是在用破坏孩子自尊的方法管教孩子。这些孩子越被管就越糟糕、越没有自律性。因为他们的尊严感下降了,觉得自己无足轻重,自己是个坏孩子,是需要被人监督的。

什么叫独立、完整的自尊体系?

一个人的尊严感来自内心。当他评价自己时,知道自己是个好人,知道自己该做什么,就算别人瞧不起自己,对自己的尊严感也没有任何影响,不容易被别人激怒。

自尊水平低的表现是,一个人觉得自己做不到。"你说的那些事都很好,但那些都是别人的事。"绝大部分的人遇到外在的巨大压力时,都会觉得人生失去了希望。这时候我们要做的,是帮助他提高自尊水平。

我有一位朋友跟我说:"你要跑步。"我说:"我跑不了。"因为我的自尊水平低,我觉得在跑步这件事上我就是不如别人,所以我不跑步。

但是,当教练陪伴我慢慢地跑了几次后,我的自我评价就变了。我觉得别人能跑,我也能跑。这时候,我就会更有动力把这件事做下去。

为什么许多孩子拿起手机打游戏就一直玩,完全不放手?管理打游戏这件事情,要从根本上解决。他们无法自律的原因就是他们的父母天天管着他们,说他们没有自律性。

这些父母每一天都在降低孩子的自尊水平。这些孩子会觉得我反正管不了自己,我做什么都做不好,从而失去了学习的动力。

提高孩子的自尊水平,他们的学习动力才能相应提高。内在动力如果足,他们就知道自己能够解决问题,遇到了挫折才能够不断地迭代、进步,从而对自己负责。

有一次在家里,嘟嘟跑过来跟我说:"爸爸,我想看一下手机上的积分。"我说:"等一下,爸爸现在在看东西呢。"

这时候,嘟嘟说了一句话,让我心里"咯噔"一下:"爸爸,我发誓我就看一眼积分。"

晚上散步的时候我跟嘟嘟说:"嘟嘟,你今天说的一句话让爸爸心里'咯噔'一下。"

嘟嘟很疑惑,问我是什么话。我回答:"你说了'我发誓'。

你跟爸爸说话永远不用说'我发誓',因为你说的每一句话爸爸都会相信。"

很多家庭都对这样的话不敏感,甚至很多家长会跟孩子说"你发誓""你保证""去给我写个保证书"。这样的话只会让孩子的自尊水平降低,所带来的结果就是孩子必须"他律",而不是自律。

如果你能帮孩子建立比较高的自尊水平,孩子就会对自己提要求。

在我家,手机都是随便放在桌上的,对于手机、平板电脑,我并不给孩子做硬性规定,任何人也不会当"闹钟"来提醒孩子。但嘟嘟会给自己提要求,他在墙上贴纸条:每周二、四、六不看手机,一、三、五可以看,每天不超过半个小时,如果违规,自罚不打游戏了。

我问他为什么这么写。他说,看手机太久会伤害视力,所以觉得自己应该写一下。

我们能给孩子最好的礼物,就是帮他建立起一套完整、独立的自尊体系。

作为父母,我们要激发孩子对自己的爱,让孩子认为自己有能力,可以管住自己,并且知道管住自己这件事是很重要的。

塑造一个孩子的行为最有效的时间点是在他做对事的时候。想要提升孩子的自尊水平,就在他做对了一件事时立刻站出来告诉他:"你刚刚这件事做得很对,原因是……"表扬他,并告诉他为什么。

如此一来，孩子通过做了这么一件正确的事，学会了一辈子坚持做这件正确的事。

核心要点

培养孩子的自尊体系非常重要，因为自尊是自律和内在动力的源泉。提高孩子的自尊水平，他们的学习动力才能相应提高。

1. **自尊与自律的关系**：一个人的自律水平往往来源于他的自尊水平。自尊水平高的人即使在外界压力下也能保持自我评价和尊严感。

2. **自尊体系的重要性**：自尊体系是一个人内心对自我价值的认识，它影响着个人的行为和决策。

3. **错误的管教方式**：一些家长使用破坏孩子自尊的方式来管教孩子，导致孩子失去自律性，因为他们的尊严感下降，感觉自己不被重视。

4. **自尊水平低的表现**：自尊水平低的人往往认为自己做不到某些事情，容易受到外界压力的影响，失去希望。

5. **提高自尊的方法**：通过积极的陪伴和鼓励，帮助个体认识到自己的能力，从而提高自尊水平。

6. **父母的引导作用**：父母应该通过表扬孩子做对的事情来提升他们的自尊，这样孩子就能学会坚持做正确的事情。

7. **最终目标**：帮助孩子建立一个完整、独立的自尊体系，这是父母能给孩子最好的礼物，它将激发孩子的内在动力，使他们能够自我管理和进步。

家长应避免用行为和言语降低孩子的自尊心，而应通过信任、正面反馈和赋予自主权来增强孩子的自尊，从而促使孩子成为能够自我管理和自我激励的独立个体。

培养孩子的终身成长型心态

你希望孩子整天活得很累、很痛苦,每天都要向别人证明自己,还是希望他能够从每件事中学到东西?

纽约大学的一位教授卡罗尔·德韦克把世界上的人分为两种,一种叫作"固定型心态的人",一种叫作"成长型心态的人"。固定型心态的人强调结果,忽视过程,静态地看待这个世界;而成长型心态的人会觉得这个世界是变化、发展的,不断产生着各种各样的可能性。

比如,一个固定型心态的人去参加考试,但没有考上,他会觉得:"我真失败。""我做什么都不行。""我很糟糕。"一次简单的挫折,就会让他给自己贴上一个失败者的标签。

而一个成长型心态的人去参加这个考试,虽然没有表现得很好,但他会告诉自己:"是不是还有别的机会?""这次没有发挥好,我要总结一下我哪儿不行。"

固定型心态是我们所表现的所有错误行为背后的根源,而成长型心态是所有美德背后的美德。

终身成长的心态,是把每一次挫折都视作一次学习的机会,所有我们生活中所看到的各种各样的美德,背后一定有成长型的心态在起作用,我们可以不断改变、进步。但如果一个人是固定型的心态,他会不断地想"我可不能丢脸""我要是失去这一切该怎么办",从而变得越来越狭隘、闭塞、故步自封。

爱迪生在发明电灯泡的时候,尝试了5000次都是失败的。有人对他说:"你真可怜,这件事做了5000次都是失败的。"而爱迪生说:"我没有失败5000次,我只是找到了5000多种不能够成功的方向。"对于一个科学家来讲,这个实验是不是成功,根本不在于这个实验是不是最终做出了他想要发明的东西,而是这个实验有没有起到排除一个错误假设的目的。

一个拥有终身成长型心态的人,他做事考虑的不是面子,不是别人怎么评价自己,而是怎么能够把这件事做好,怎么做这件事是对的。

作为父母,我们怎么才能够帮助孩子培养出成长型心态呢?

第一,要关注成长,而非天赋。就算人与人之间有天赋上的细小差别,但这并不重要。

我家嘟嘟在学钢琴。有一段时间,我确实发现嘟嘟存在这样的问题:他很认真地在练琴,但是他想表现出一种自己没有好好练习也能够弹得非常好的感觉。

于是,我在表扬他的时候,刻意进行了引导。我不表扬他钢琴弹得好,而是表扬:"哇,你今天练得真好,练得很认真、很投入,你下了功夫,最近进步很快。"就这样,我把表扬"结果"变成了表扬"过程"。

第二,可以批评,但要建设性地批评。批评不是侮辱、恐吓、吓唬孩子,更不是动手打孩子。我们要跟他一起商量怎样做能够变得更好。

不要给孩子贴大量的标签。"你是一个这样的孩子。""你比别人差在……""看看别人有多强!"如果父母整天拿孩子跟别人做比较,这个孩子就会发现,维护他的自尊体系的最终的东西是赢过别人、比过别人,他永远会处在一种和别人比的体系当中。这时候你会发现,他哪敢去接受什么大的挑战?他只想追求赢的感觉。

赢的感觉是虚幻的,因为人这一辈子并不跟任何人作斗争、和任何人比较。人这一辈子只和自己比赛,要看你最终有没有跑过你自己,有没有让自己变得更强。

在培养孩子终身成长的心态时,父母要看自己有没有容错率、对孩子有没有足够的耐心,在肯定一个孩子的行为时,肯定的是这个行为所带来的结果还是其背后的动机。

核心要点

父母应该培养孩子的成长型心态，鼓励孩子从每次经历中学习，并把挫折作为成长的机会，进而培养孩子的自我提升和终身学习的动力。

1. **成长型心态与固定型心态**：成长型心态的人看待世界是变化和发展的，他们将挫折视为学习的机会，而固定型心态的人则更注重结果，忽视过程，容易在失败面前自我否定。

2. **固定型心态的问题**：固定型心态可能导致人们变得狭隘、闭塞，害怕丢脸和失去已有的一切，从而阻碍个人的成长和发展。

3. **培养成长型心态的方法**：
   - 关注成长而非天赋：表扬孩子努力的过程，而非仅仅关注结果或天赋。
   - 建设性批评：在批评孩子时，应提供具体的改进建议，而不是侮辱或恐吓。
   - 避免贴标签：不要给孩子贴上负面的标签，这会让他们过分关注与他人的比较，而不是自我成长。

4. **父母的角色**：父母应该展现出容错的态度，对孩子有足够的耐心，并且在表扬孩子时，要肯定他们行为背后的动机和努力，而不仅仅是结果。

5. **终身成长的重要性**：人一生的竞赛是与自己的比赛，关键在于是否能够超越自己，变得更强。

父母只有学会关注孩子做事的过程而非结果,进行建设性的批评,避免给孩子贴标签或比较,才能使他们在面对生活中的各种挑战时,拥有更强的适应能力和解决问题的能力。

超越自卑，用爱与价值感培养孩子的自信心

自卑是每个人心中都会有的感受，因为人们一出生就很弱小，没有父母就活不下来。所以，我们往往生活在一种要求别人帮助、希望别人帮助的状态中。孩子产生自卑感是父母值得关注的问题，但很多家长在发现自己的孩子产生自卑感后如临大敌，这反而对孩子提升自信心不利。

首先，我们要区分自卑与谦虚，了解自卑的本质。

谦虚的人清楚自己的无知，但是他依然爱自己；而自卑的人不管清楚还是不清楚自己的无知，他都不爱自己。

人不可能了解所有的事，所以保持谦虚是对的。孔子就是谦虚的人，别人称他为"圣人"，他却说自己不是，只是好学而已。他一方面谦虚，一方面自尊水平很高。

而自卑的另外一面是自大，换句话说，我们可以将自卑与自大看作一体两面。一个自卑的人遇到了一个比自己还差的人，就会嘲笑他，因为嘲笑会让他短暂地得到一些安慰。但是遇到比自己强的人，他就会自卑甚至愤怒。

自卑的人不断地用外在的指标评判自己，而谦虚并且自信的人在不断地进步。

自卑来自苛责。举个例子，假如你们家来了一个客人，失手打碎了杯子，你会有什么反应呢？

你也许会说："没关系，不要紧。反正这个杯子也不贵，是我上次旅游的时候买的。"当时的气氛一定是轻松的。

但是当打碎杯子的人是你的孩子呢？你也许会说："啊！那是妈妈最喜欢的杯子！你怎么这么不小心！"

当孩子观察到你对他和对别人的态度不一样时，这个孩子的自卑心理就逐渐产生了。我们对孩子的要求往往要比对其他人的高，甚至比对自己的要求还高。所以，这导致的结果就是孩子在长大以后很容易形成自卑的特征。他不会有自信，觉得自己没有足够的力量去做事，因为他从小就是在批评中长大的。

如果你作为孩子的父母，成为全世界第一个站出来批评他的人，他从哪里获得支持呢？他内心的力量来自哪里呢？结果只有一个——他会越来越自卑。

孩子自卑、敏感，请对他好一点，多表扬他，多去发现他的亮点。

不要非得要求他做到不自卑、不敏感。因为你希望他不自卑、不敏感这件事本身就对孩子构成了压力,他会更加自卑、敏感。实际上,他可能只是谦虚、细腻。

大量的家长凭借着本能优先给孩子挑错,他们总是觉得孩子这个不行、那个不行,总想让孩子变得更好一些,这实际上是在培养自卑。自卑的人,更容易焦虑。如果孩子出现了这种状况,家长就要帮孩子优先发展自信。比如孩子球打输了,家长可以说:"你今天有三个球传得很漂亮!你的传球意识我觉得非常棒!"父母要帮孩子树立起自信,积极发现他们的亮点。

人有一些自卑感是很正常的。发生在孩子身上比较常见的情况是,因为成绩不好而感到自卑,他会意识到自己的学习不如别人,这是一个很正常的过程。但是如果自卑到什么都不想干了,或者见到人都抬不起头来,那这个自卑程度就严重了。

在这个时候,父母只需要和孩子好好讨论这个话题,甚至有的时候你不管都可以,只要别让孩子觉得紧张兮兮的。父母往往过度关心,表现夸张,"你考不上大学就完蛋了""你看现在社会竞争多激烈"。其实,父母对这个社会到底什么样并不清楚,但是这种话会给孩子造成很大的压力。回归本质,父母还是要知道爱很重要,让孩子自身有价值感很重要,让孩子遇到了挫折能够终身成长很重要。

阿尔弗雷德·阿德勒说:"唯一克服自卑的方法,就是把你的价值和这个世界的价值融为一体。"作为父母,我们要让孩子找到价值感，让他知道自己是一个有价值的人，是能为这个社会作出贡献的人。让孩子感受到自身有权利、有力量，自己能够给家庭带来改变。

嘟嘟在家里特别喜欢打扫卫生，他喜欢擦楼梯，常常把楼梯整个擦一遍，还帮着家里人干活，吃饭之前帮着包饺子，吃完饭帮着洗碗。他什么都喜欢参与。

我们没有给他任何交换条件，不会告诉他包了饺子可以少做几道题，而是告诉他全家一块儿做一件事，快乐会成倍增加。我们告诉他打扫卫生会给大家带来很大的方便，比如保姆阿姨的打扫工作会轻松很多。

我连我们家的存款都跟嘟嘟聊。我会让他参与到家庭的经济环境中来，跟他聊天，让他知道钱是怎么赚回来的，我们应该怎么去分配这些东西等一系列问题。连家里老人生病住院了，我都会告知孩子，让孩子能够参与到整个家庭的重大事件当中来。这会让他建立自信和价值感，让他觉得自己受重视、有作用。

当孩子真正意识到自己所做的事有价值，意识到自己有能力通过学习和工作改善自己和周围人的情况时，我相信，他一定能感受到自身价值和这个世界价值的融合，从而获得更多自信。

核心要点

本节主要讨论了自卑的本质及来源，并区分自卑与谦虚。帮助孩子将自身价值和这个世界的价值相融合，孩子就能获得更多自信。

1. **谦虚与自卑的区别**：谦虚的人认识到自己的不足但依然自爱，而自卑的人无论是否认识到自己的不足，都不爱自己。

2. **自卑的负面影响**：自卑可能导致人们用外在标准评判自己，遇到比自己差的人时嘲笑他人以获得短暂安慰，遇到比自己强的人时感到自卑或愤怒。

3. **自卑的来源**：自卑往往来自苛刻的自我评价和家庭环境，特别是父母对孩子的过高要求和不公正的对待。

4. **家长的角色**：家长应避免成为第一个批评孩子的人，而应多表扬孩子，发现并肯定他们的优点。

5. **建立自信**：家长应帮助孩子树立自信，通过积极的反馈和鼓励，让孩子意识到自己的价值和能力。

6. **处理自卑情绪**：家长应与孩子讨论自卑感的问题，避免过度关心给孩子带来额外的压力，要让孩子感受到爱和价值感。

7. **阿德勒的观点**：阿尔弗雷德·阿德勒认为，克服自卑的方法是将个人价值与社会价值相融合，让孩子感到自己是有价值的社会成员。

8. **核心理念**：让孩子意识到自己的行为有价值，能够通过学习和工作改善自己和他人的生活，这是克服自卑、培养自信的关键。

父母通过理解、表扬、赋予孩子价值感，以及让孩子参与家庭决策等方法，能够帮助孩子克服自卑，培养他们的自信心和自我价值感，从而促进其健康成长和终身发展。

场景应用

父母通过提升认知来改变孩子的场景应用

场景	成因	应对策略
家长在教育孩子时，往往将焦点放在孩子身上，而忽视了自身行为和态度对孩子的影响。	1. **错误的认知**：认为教育是对孩子的单向塑造，而非父母与孩子的共同成长。 2. **过度关注学习成绩**：将学习成绩视为教育的唯一目标，忽视了孩子个性和兴趣的培养。 3. **放弃自我成长**：家长可能认为自己的生活和工作已经定型，不再追求个人发展和学习。	1. **提升自我认知**：家长应认识到自己在孩子教育中的重要作用，不断提升自己的认知水平。 2. **身教重于言传**：通过自己的行为为孩子树立榜样，如积极学习、追求个人发展等。 3. **持续自我成长**：家长应保持开放的心态，不断学习新知识，与孩子共同成长。

第 6 章 养育是一个系统工程

（续表）

场景	成因	应对策略
家长在教育孩子时，往往将焦点放在孩子身上，而忽视了自身行为和态度对孩子的影响。	4. 缺乏有效沟通：未能与孩子建立开放、真诚的沟通渠道，导致产生误解和隔阂。	4. 建立有效沟通：与孩子建立良好的沟通机制，倾听他们的想法和需求，共同解决问题。 5. 避免过多压力：避免对孩子施加过多压力，尊重他们的个性和选择。
家长过度关注孩子的学习成绩和作业完成情况，导致家庭关系紧张和孩子自驱力的缺失。	1. 过度监管：家长可能过度干预孩子的学习过程，导致孩子缺乏自主学习的机会。 2. 压力过大：对孩子施加过多的学习压力，可能引起孩子的逆反心理和厌学情绪。 3. 缺乏信任：家长可能不信任孩子能够独立管理自己的学习任务。 4. 忽视孩子情感需求：家长在关注成绩的同时，可能忽视了孩子的情感需求和心理状态。	1. 培养自驱力：通过减少外部压力，让孩子的大脑在健康放松的状态下发展自驱力。 2. 鼓励自主学习：鼓励孩子自己安排学习计划，培养独立解决问题的能力。 3. 成为顾问型父母：家长应成为孩子的顾问，为孩子提供支持和建议，而非命令和控制。 4. 强化内在动机：帮助孩子找到学习的乐趣和内在价值，而不仅仅是追求成绩。

175

(续表)

场景	成因	应对策略
家长过度关注孩子的学习成绩和作业完成情况，导致家庭关系紧张和孩子自驱力的缺失。		5. **尊重孩子独立性**：认识到孩子是独立的个体，尊重他们的选择和个性。
家长在教育孩子时，可能无意中损害了孩子的自尊心，导致孩子缺乏自律和内在动力。	1. **负面评价**：家长可能经常批评孩子，使用负面语言，降低孩子的自我评价。 2. **过度控制**：家长可能过度干预孩子的个人空间和选择，限制孩子的自主性。 3. **缺乏信任**：家长可能不信任孩子能够自我管理，如对使用手机等行为进行严格管控。 4. **忽视孩子感受**：在教育过程中，家长可能忽视了孩子的情感需求和自我价值感。	1. **建立正面评价**：家长应使用积极的语言，对孩子的行为给予正面的评价和鼓励。 2. **培养自主性**：鼓励孩子做出自己的选择，并承担相应的后果，以培养其自主管理能力。 3. **信任孩子**：家长应信任孩子，给予孩子适当的自由和空间，让孩子感受到被尊重。 4. **关注孩子感受**：在教育过程中，家长应关注并回应孩子的情感需求，建立情感连接。

(续表)

场景	成因	应对策略
家长在教育孩子时，可能无意中损害了孩子的自尊心，导致孩子缺乏自律和内在动力。	5. 错误的激励方式：家长可能使用了错误的激励手段，如要求孩子发誓或写保证书，反而损害了孩子的自尊心。	5. 提升自尊心：通过认可和表扬孩子的优点和成就，帮助孩子建立自信和提高自尊。

第 7 章
孩子的成长，父母的觉醒

通过高质量的陪伴、自我学习、设定边界、表达爱和关心，激发孩子自主学习、独立思考和解决问题的能力，帮助孩子健康成长。

真正的管教，是在"管"与"放"之间找到平衡

我在生活中观察到，很多父母都习惯走两个极端。一种父母完全控制孩子，让孩子完全按照自己的想法去做，最终的结果就是父母很累，孩子很痛苦。另外一种父母常说："樊老师，你不用跟我讲，我已经学会了，不就是放养嘛。"他们完全放弃了"带领"这件事，孩子的价值观也不塑造，行为也不管，最后孩子变得没有规矩。

在专制和纵容之间，还有一个更合适的位置。我在讲《自驱型成长》这本书时提到，这个位置叫作"权威型管理"。权威型管理的本质，是支持而非控制。父母的不断介入是一个恶性循环，父母要学会放手，但又不是完全纵容，便会进入一个良性循环。

管孩子最高的境界，叫温柔但有边界。父母要给孩子足够的爱，但不是宠爱他。你帮他建立了积极的边界，这个孩子既觉得自身有价值，又能够感受到与他人的连接。这个时候，他才是一个

心里充满阳光的孩子。

父母不是孩子的主人,更像是孩子的教练。孩子来到这个世界以后,对这个世界是陌生的。他不知道为什么别人要说那样的话,也不知道为什么人在做错事后需要道歉。父母要做的,就是跟他们解释这些做法的原因。这就是在为孩子建立一个边界。

有一次,嘟嘟在家里玩球,不小心打碎了一个她妈妈很喜欢的茶杯。嘟嘟当时都快哭了,因为他觉得自己闯了大祸。

我告诉他:"这个事儿还真是挺难过的,因为这个杯子确实很贵,我和妈妈也很喜欢这个杯子。"我们可以先告诉孩子这个杯子打碎了的自然后果是大家心里很难过、很遗憾,让他知道自己做的事产生了怎样的后果。

这时候再告诉他:"没关系,没有伤到人是最重要的。我帮你把它收拾了,地上有玻璃碴,要小心。"

如此一来,孩子不仅能知道自己的错误在哪里,下次避免再犯,还能清楚地知道爸妈是爱他、关心他的。

真正的管教,就是在"管"与"放"之间找到平衡。

如果你简单化地处理父母和孩子的关系,就容易走严厉和骄纵这两个极端。但是如果能够做到远远地在孩子的背后引导,你就能让孩子成为他生活的主角,让他在前面走,并且不断地用价值观引导他。

核心要点

父母在教育孩子时应该平衡管控与放任，避免走向极端。

1. 权威型管理：这是一种既不完全控制也不完全放任的教育方式。它强调父母要支持孩子而不是控制他们，帮助他们成长而不是替他们做决定。

2. 温柔但有边界：父母应该给予孩子足够的爱，但同时要设定积极的边界。这样孩子既能感受到自己的价值，也能认识到与他人的联系。

3. 父母的角色：父母不是孩子的主人，更像是孩子的教练。父母的责任是帮助孩子理解世界，解释其行为背后的原因，并建立边界感。

4. 自然后果：当孩子犯错时，要让他们了解这种行为的自然后果，而不是简单地给予惩罚，这有助于他们认识到错误并学习如何避免。

5. 平衡管教：真正的管教是在严格与放任之间找到平衡点，让孩子在父母的引导下自主成长。

父母在教育孩子时应该采取的是一种既不过度控制也不完全放任的权威型管理方式，通过设定边界、表达爱和关心，以及在背后远远地引导，就能给孩子营造一个让他自驱成长的环境，父母会更加轻松，孩子的行为也会更加成熟。

父母是孩子的一面镜子

作为父母,我们可以把孩子当作一面镜子。这是一面"照妖镜",照出我们内心中各种各样的恐惧和不成熟的地方。

要知道,孩子本来是觉醒的。作为父母,我们不要去试图改变孩子,你只需要让这个觉醒的孩子保持他的天性。他会爱自己、对自己好、对这个世界充满好奇心,他做事没有那么多功利的态度,这是3岁以前的孩子原本的样子。

但是,随着大多数父母的养育,孩子慢慢变成了和我们差不多的人。他们跟我们一样有烦恼、爱发脾气、喜欢摔门,变成了经常和我们对抗的人。

我在北京坐地铁,看见一个七八岁的小男孩和他的妈妈一起上了车。小男孩把妈妈的腰一搂,抬头问道:"妈妈,我今天乖吗?"

妈妈拉着手环淡定地站着,回答他:"还可以,你今天还挺乖的。"

接下来，小男孩说的一句话把我吓坏了。他说："那你今天能不打我吗？"

妈妈说："可以啊！今天可以不打你，但你明天要是不听话，我照样揍你。"

这个妈妈在大庭广众之下那么大声地说这样的话时，她是什么感觉？她大概很自豪，心想："哼！你看怎么样，这孩子被我搞定了吧？"她觉得自己是一家之主，孩子很听自己的话。

实际上，这是非常糟糕的感受。在我眼前，一出悲剧正在上演。

从他们的对话能听得出来，这个小男孩被妈妈打骂一定是司空见惯的事。我们可以想象，在多年以后，小男孩不再是七八岁的天真面孔时，他会变成什么样子？这些暴力的行为一定会给这个孩子带来不可忽视的负面影响。

在孩子青春期以前，你对待这个孩子的方法有多简单、粗暴，孩子就会收获一个多么残酷的青春期。

孩子会向你学习所有处理问题的方法。如果你觉得处理问题最好的方法就是把他推出去、摔门、离家出走，那么等孩子过了青春期，有这样的能力之后，他会把所有从你身上学到的解决问题的方法全部用回到你身上。

所以，孩子的表现是家长积累的结果。

孩子是父母的"复印件"。如果"复印件"坏了，我们一般不会怀疑是"复印"过程出了问题，而是"原件"本身就坏了。大部分孩子身上的问题，都在父母的身上有所反映。如果你觉得你的孩子难以沟通、不听话，很大程度上是你根本没有尽到相应的责任，没有教会他怎么去做。

我的一个朋友在聊天群里说："气死了，孩子作业不会做，我发飙了。女儿大哭，丈夫摔门，全家人都不高兴。"

我说："你是修养那么好的一个人，文质彬彬的，怎么突然发飙了呢？"

她说："我也不知道为什么，一股火'腾'的一下就上来了。"

我问："你和你爸妈关系怎么样？"

她说："我和妈妈的关系还不错，但是爸爸很凶。记得小时候，只要作业做得不对，他一定会发飙。我8岁的时候，有一次，他把我的作业本当场撕碎了。"

我说："所以，当你指导你的孩子写作业时，就变成了当年那个8岁的小女孩。你的闺女现在9岁了，这等于是一个8岁的妈妈在教一个9岁的女儿写作业。一旦女儿出现作业做得不对的情况，你心中关于作业的所有负面感受就全部冒了出来。"

在讲《家庭的觉醒》这本书的时候，我提到，是孩子在教我们，而不是我们在教孩子。我就是在有了孩子以后才开始看到自己身上有各种各样的毛病的。当你觉醒后，你才知道，孩子到你身边是来改变你的。

我们借由孩子成了更好的、成熟的人，在有孩子之前，我们都是孩子。随着我们孩子的成长，我们一点点看清了自己。我们要慢慢调整、改进，学会好好沟通，控制自己的情绪，学会倾听、放手，学会允许孩子按照自己的想法去成长。

核心要点

孩子能够映射出父母内心中各种各样的恐惧和不成熟的地方，父母的行为会给孩子带来巨大影响，孩子也会向父母学习处理问题的方法。

1. **孩子的天性**：孩子出生时便具有纯真和好奇心，他们的行为不受功利影响。

2. **父母的教养方式**：随着孩子的不断成长，他们可能会因为父母的教养方式而逐渐失去天性，变得和父母一样有烦恼和情绪问题。

3. **暴力行为的后果**：暴力或粗暴的教养方式可能导致孩子在青春期出现更多的问题。

4. **模仿行为**：孩子会模仿父母处理问题的方式，如果父母用负面方式处理问题，孩子将来也可能用同样的方式对待父母。

5. **觉醒与改变**：通过养育孩子，父母可以意识到自己的不足，并有机会觉醒和改变，从而成为更好的人。

6. **允许孩子自主成长**：父母应该允许孩子按照自己的想法成长，而不是强加给孩子大人的意愿。

父母应给予孩子高质量的陪伴，创造温馨美好的环境，真正用心与孩子在一起，以促进孩子的心灵成长和建立亲密关系。

面对自己的人生，启发孩子独立起来

一个人长大了的标志是什么？有自己的选择标准，能够自己解决问题，愿意去承担后果。我们的孩子逐渐成长，终将有一天走向社会。因此，培养孩子的独立性是非常重要的。

如果一个孩子不懂得自己去面对和解决在社会上遇到的问题，他所表现出来的自信实际上是外强中干。他们可能看起来很阳光、自信，但是缺乏应对各种事情的经验，在碰到问题时不知道解决问题的逻辑是什么。

作为家长，首先我们不能替孩子做他们应该做的事情，紧盯着他们的一举一动。如果父母想一直替孩子解决这些问题，直到把他送进大学再放手，孩子不可能突然拥有各种技能去应对困难。

孩子在成长的过程中，所接触到的第一件需要自己负责的事情，就是学习。我们很多人都有这样的经历：高中一毕业，就不学了,上了大学之后有一段很长时间的不适应期——没人盯着,我怎么学习?

曾经有家长问我:"孩子不让我问他的作业情况,我该怎么办?"最好的办法就是父母不主动去问,只需要告诉他:"我相信你,你一定能把这件事解决好,如果你解决不了,你随时可以来问我。"要让孩子知道,父母可以给予他们帮助,但是自己的事情一定要自己想办法去解决。

我几乎不监督嘟嘟做作业,他上幼儿园的时候,老师让做手工作业,他也是自己动手做,不管做成什么样都直接交上去。从上小学一年级开始,家里就没人陪着他写作业了,结果他反倒学得很好,因为他会自己安排学习时间,独立学习。

什么事情都盯着孩子、替孩子干,本质上是对孩子的娇惯。在这样的家庭中成长的孩子会非常痛苦,因为父母在用替他做事的方式去控制他,目的是让他听话,符合父母自己的期待。这种迫害和打骂的效果是一样的,因为你让孩子的大脑不自由。

另外,我们要让孩子从小养成独立思考的习惯。

我希望各位父母能够转变自己的沟通模式。要知道,我们不能做整天告诉孩子该怎么办的人。因为他长大以后离开了家,不可能有一个人整天跟在他后面告诉他该怎么办。我们要做那个启发他去思考该怎么办的人,我们需要让他从小养成思考的习惯,让他遇到问题时自己有想法,明白该怎么办。

需要关注的一点是,培养孩子独立思考的能力,就要允许孩子犯错。

我与鲍鹏山教授对谈时,他提到,孩子不独立思考,是因为他们不敢独立思考。如果我们要求一个孩子考 100 分,他不会想要独立提出自己的见解,而是想要努力不犯错。

我跟嘟嘟意见不一致时,哪怕我是对的,我也会听他的。我为什么这么做?因为他在活他自己的人生。听他的,就算他错了也能学到东西;听我的,做对了他也收获不了什么。所以,有的时候我看他做一些错的事,都会觉得他可爱——因为他在这件事当中有所体会。

嘟嘟不爱学化学,我就给他买了几本讲化学的书。我跟他说:"嘟嘟,这几本化学书很有趣。"

嘟嘟却没有看这几本书,我也没逼着他看。

考试成绩出来后,嘟嘟的化学成绩不好,他就开始重视化学,自己找出这几本书来看。因为之前我带着他看《古文观止》,他的语文考到了第一。

后来,他就慢慢学会了:如果成绩不好,就去看书。

这就是孩子逐渐独立起来的过程,嘟嘟即使在学习的路上走错了方向,他也会自己摸索着,回到正确的道路上。

如果在嘟嘟化学没考好时,我跟他说:"你的化学成绩不能不好!你要是考不好就太给我丢脸了!你今天必须把这本书给我看了!"那么他的自主性、独立性就彻底被我破坏了。

想要让孩子独立起来,就不要把孩子当作自己的延伸、自己的工具、实现自己梦想的人,要视孩子为独立的个体。每个孩子都是独一无二的生命，请让他们在自己的人生道路上独立行走。

核心要点

孩子在长大的过程中要学着逐渐融入社会，父母要启发孩子独立起来，懂得自己面对和解决在社会上遇到的问题，在自己的人生道路上独立行走。

1. **独立性的重要性**：孩子应学会自己面对和解决问题，要拥有独立思考的能力，而不是依赖父母。

2. **避免过度干预**：父母不应过度干预孩子的学习和生活，应让孩子自己去尝试和犯错。

3. **学习的责任**：学习是孩子自己的责任，父母应鼓励孩子独立学习，而不是一直监督孩子。

4. **信任和支持**：父母应信任孩子的能力，提供必要的支持，但要让孩子自己解决问题。

5. **培养独立思考的能力**：父母应鼓励孩子独立思考，即使这意味着他们可能会犯错。

6. **允许犯错**：孩子在成长过程中犯错是正常的，父母应允许孩子犯错并从中学习。

7. **自主性的重要性**：父母应尊重孩子的自主性，不要将自己的期望强加于孩子。

8. **个性化教育**：每个孩子都是独特的，父母应根据孩子的个性和兴趣来引导他们。

9. **尊重孩子的个性**：父母应尊重孩子的个性和选择，让他们在自己的道路上独立成长。

父母应避免对孩子过度干预和控制，正确的做法是，通过信任、鼓励和允许犯错，激发孩子自主学习、独立思考和解决问题的能力，帮助他们成为能够独立面对社会挑战的个体。

最好的养育，是与孩子一起学会终身成长

我在前文中提到了孩子成长过程中的三根支柱——无条件的爱、价值感和终身成长的心态，也讲到了成长型心态这种"美德背后的美德"是如何引领孩子成长和进步的。现在，让我们把目光聚焦在自身，看一看作为父母的我们如何做到终身成长，并且与孩子一起学会终身成长。

一个人为什么谦虚？因为他觉得日子还长，觉得自己现在取得的这点成就根本不算什么，所以他谦虚。一个人为什么诚信？因为他知道这一次交易仅限于这一次，未来还需要建立更好的信用系统，所以他诚信。一个人为什么要努力、勇于尝试、勇于接受挑战？他背后的力量一定来自终身成长的心态。

养育孩子不是一蹴而就的事，想要让孩子终身成长，父母要先学会让自己终身学习。

很多父母常常过高地估计了学校教育的作用，而过低地估计了终身学习的重要性。终身学习有多重要？自己的行为得到了改善，你的谈吐变得优雅，不再大喊大叫，每天在家里经常看书，和孩子聊一聊你新学的知识，孩子做错了事能够宽慰他，孩子就会变得很愉快、很开心，学习成绩也会相应提升。

我们组织了一次新加坡亲子游学，当时是我带队的。有一个从内蒙古来的大姐带着俩孩子——一个小女孩，一个高二的男生。

这个大姐向我走过来，悄悄地跟我讲："我这次花了血本，买了三张票带孩子一起来的。"

我问："您为什么要来呢？"

她说："我这个儿子有问题。打篮球、人品、情商都很好，就是不爱学习，我都摔了他四部手机了。你能不能帮我好好教教他？我带他来就是想让您跟他讲讲道理，让他好好学习。"

我说："那我问你，你是什么时候爱上学习的？"

她愣了一会儿，说："去年。"

我接着问："那你去年是怎么爱上学习的呢？"

她说："我去年加入樊登读书会，我觉得听书挺有意思的，我就开始学习了。"

我说："那你应该祝贺你的爸妈，他们终于等到了。他们等你爱学习等了40年，你希望你的孩子今天突然爱上学习，你觉得靠谱吗？"

如果你希望你的孩子有理想，那么你一定要有自己的理想。

我经常劝说很多家长，不要逼着孩子读书，你要想办法逼着自己读书。让自己成为更好的自己，你的孩子才能看到榜样，才能够知道，学习是可以很快乐的。否则孩子会想："你凭什么让我学习？学习既然是这么快乐的事，你为什么不去做？"

所以，家长必须成为孩子终身学习的楷模。

现在，请你静下心来思考这个问题：作为父母的你，有没有为了孩子去好好地读一本书？

这个世界上最难做的工作，莫过于做父母。做父母比开一个公司要难得多，而且失败的结果更惨痛。如果做生意做亏了，也只是损失了钱；但如果把一个孩子培养坏了，那么整个家庭就要承受惨痛的代价。想要成为一个会计、造价师，还要去考取相应的证书；想要成为父母，又怎么能一本书都不读呢？

作为父亲，我曾经对自己也没什么信心。幸好，我是一个相信读书的人。当时，我去把市面上所有能买到的关于亲子教育的书全都买回来看了一遍。渐渐地，我在书中找到了解决各种问题的答案。

我们的孩子完全可以活得和我们不一样，他们可以去创造更多的奇迹。作为家长，管好我们自己的人生是一件非常重要的事。很多家长早早地放弃了自己，而只要听说一本书孩子能看，他就愿意买。他们把所有的希望都寄托在下一代身上，在孩子身上不断使劲，给孩子报各种班。这是一个恶性循环，这只会导致孩子越来越厌恨学习、瞧不起父母，因为他们会发现，其实父母什么都不知道。

父母要告诉孩子，学习本身是一件非常美好的、充满乐趣的事。你让孩子明白，这个世界上有很多事情我们都不知道，所以我们要去探索、了解，这个时候我们才能变成一个有趣、丰富、能力强、能为社会作贡献的人。把这个概念告诉孩子以后，学习便不再是一个负担，你与孩子之间也不再存在交换与威胁。

我们要首先放弃自己头脑中对于学习的偏见，明白做这些"正确的事"本身不需要回报。

孩子是最以超过自己的父母为乐趣的。一个家庭想要和平，最重要的是父母在不断地前进，让孩子觉得难以望其项背。

让学习终身化，让成长终身化。把人生视为伟大的旅程，永远努力学习新的东西，陪孩子一起奔赴美好的未来。

核心要点

父母应该引领孩子成长和进步。孩子是以超过自己的父母为乐趣的，一个家庭想要和平，最重要的是父母在不断地前进。

1. **终身成长的重要性**：父母应该认识到终身成长的重要性，这不仅包括孩子的成长，也包括自身的成长。

2. **成长型心态**：成长型心态是推动个人不断进步的关键因素，父母应培养这种心态，并通过自己的行为来影响孩子。

3. **终身学习**：父母不仅是孩子的教育者，也是他们成长过程中的引导者和支持者。父母应该通过阅读和学习来不断提升自己，成为孩子终身成长的榜样。

4. 亲子关系：通过共同学习和成长，父母可以与孩子建立更紧密、和谐的关系。

5. 学习的乐趣：父母需要帮助孩子认识到学习本身是一件有趣和有价值的事情，而不是一种负担。

6. 放弃偏见：父母应该放弃对学习的固有偏见，了解学习是一种无需外部奖励的自我提升过程。

7. 家庭氛围：家庭应该是一个鼓励学习和成长的环境，父母的行为和态度对孩子有着深远的影响。

8. 共同成长：父母和孩子应该一起学习，一起成长，共同面对生活的挑战。

父母应成为孩子终身学习的榜样，通过自身的学习和成长来激励孩子，引导孩子认识到学习的乐趣和重要性，与孩子一起开启美好的成长旅程，共同奔赴美好的未来。

场景应用

终身成长观念在养育中的应用

场景	成因	应对策略
家长在教育孩子时，常常面临两个极端：过度控制或完全放任，难以找到合适的平衡点。	1. **缺乏教育平衡意识**：家长可能没有意识到教育需要在控制与放任之间找到平衡。 2. **过度保护**：因担心孩子受伤或失败，导致家长过度干预孩子的生活和决策。 3. **缺乏引导**：家长可能忽视了在孩子成长过程中价值观和行为规范的引导作用。	1. **温柔但有边界**：在爱与管教中找到平衡，让孩子感受到爱，同时明白各种行为的后果。 2. **鼓励自主性**：鼓励孩子自己做决定，并承担相应的后果，培养独立性和责任感。 3. **正面反馈**：对孩子正确的行为给予正面的反馈和鼓励，强化其自主性和责任感。

(续表)

场景	成因	应对策略
家长在教育孩子时，常常面临两个极端：过度控制或完全放任，难以找到合适的平衡点。	**4. 对失败的恐惧**：家长可能因害怕孩子失败而过度控制。	**4. 共同参与决策**：让孩子参与家庭决策，感到自己的意见被重视，增强归属感和价值感。 **5. 培养解决问题的能力**：通过实际问题教会孩子如何分析和解决问题，而非仅仅避免错误。 **6. 提供情绪支持**：在孩子面临挑战或遭遇失败时，提供情绪上的支持和理解，帮助他们学会从失败中恢复和学习。
家长在养育孩子的过程中，如何才能与孩子共同成长，实现终身学习？	**1. 传统观念**：一些家长可能持有传统的养育观念，认为养育是单向的，只关注孩子的成长而忽视自我提升。 **2. 缺乏终身学习意识**：家长可能没有意识到作为父母也需要不断学习和成长，以适应孩子和时代的变化。	**1. 树立终身学习理念**：家长应认识到养育是一个亲子共同成长的过程，需要不断学习和适应。 **2. 自我反思**：定期进行自我反思，评估自己的养育方式和行为，寻找改进的空间。

(续表)

场景	成因	应对策略
家长在养育孩子的过程中，如何才能与孩子共同成长，实现终身学习？	3. **压力与焦虑**：现代社会的压力和焦虑可能影响家长的养育方式，使其变得过于紧张和急功近利。	3. **积极沟通**：与孩子建立积极的沟通，倾听他们的想法和感受，增进相互理解。 4. **以身作则**：通过自己的行为为孩子树立榜样，展示终身学习和自我提升的重要性。 5. **鼓励探索**：鼓励孩子探索世界，培养他们的好奇心和创新精神。

08

第 8 章
成长的觉醒

成长觉醒关键词：早恋

孩子有早恋倾向，家长该怎么办？

提问

我女儿上四年级，她们班上有一位男生喜欢我女儿。

在我女儿第一次向我提出这个问题后，我就问她："那你觉得他喜欢你，他说他要和你结婚，是什么意思？"

我女儿说："就是一块儿玩呗。"

我说："好，那你们就一块玩吧，等你到了真的要谈论这个问题的时候，妈妈随时欢迎你来跟我讨论，妈妈永远尊重你的意见。"

最近我陪孩子去参加同学聚会，我发现她们班上有类似情况的孩子还挺不少的。但是其他妈妈会对孩子说："你在上大学之前不准谈恋爱。"

还有妈妈说:"你们要谈恋爱是吗?要结婚是吗?那从现在开始就要努力学习。你以后要能赚到很多钱才能买房子,两个人才有更好的未来。"

我听后就开始反思自己,我对这个问题的处理是不是太淡定了?

樊登解答

我觉得你的处理没问题。你回忆一下我们小时候,就算遇到这样的事,大家开开玩笑就过去了。电视上经常会有一种非常糟糕的情况,就是当老师发现两个孩子谈恋爱后就请家长,然后双方家长坐在一起商量怎么办,比如把两个孩子"隔离"开。这种做法就太可怕了,本来没事儿,你都会把它弄成事儿,让这件事变成了风言风语、学校里的"社交新闻"。

所以,作为家长,我们要跟孩子说明底线,告诉孩子有哪些事不能做,如果做了会对自己造成怎样的伤害。如果你们愿意交朋友,喜欢一起写作业,一起玩儿,这个是正常的友谊,没问题。你喜欢他,喜欢是一种很美好的事,把这份喜欢保留在自己的记忆中,这将是童年的一部分。但是你得知道,如果做了伤害别人的事,你就要承担很大的责任,而且会有很大的风险。

父母要把这个道理给孩子讲明白,把正确的价值观、行为方式内化到孩子身上。

"内化"非常重要。想想看,你盯着你的女儿,但再怎么盯,你能盯 24 小时吗？不可能。所以我们给孩子最好的保护，是内化，让孩子发自内心地认同家长传递给她的价值观，发自内心地觉得家长的很多做法是在保护她。家长的功夫要放在如何跟孩子的价值观保持同频上。

恋爱这种事能按得住吗？你对孩子说不许谈恋爱、不许喜欢他、不许想他，你越是不让她想，她越是发呆，偷着想。这比两个人光明正大地手拉着手去写作业要糟糕得多。家长和老师使劲儿想把两个孩子分开，到最后，两个人都根本不学习了。所以，早恋造成的成绩下滑，大部分原因来自家长和老师，而不是孩子。

我在上大学的时候，我们学校有一对学霸，成绩太好了，考试永远都是第一名，两个人天天拉着手上自习。当时我觉得爱情的动力真强，像我们这些单身的同学，成绩永远上不去，因为我们花了一半的时间在幻想恋爱的对象，消耗了很多精力。所以，帮助孩子提高社会能力，让孩子能够合理地处理这些人际关系，其实就可以了。

成长觉醒关键词：素质提升

不能接受孩子变平庸，怎样引导孩子深入思考？

提问

我发现我的孩子思想比较简单，容易人云亦云。他对很多事情都有好奇心，但不愿意去深入思考，或者说不知道该怎样思考、怎样提问。我该怎样引导他，让他更爱动脑，思想更深刻？

樊登解答

我在想怎样才能让你这样的家长不要这么"得寸进尺"，对孩子提这么多奇怪的要求？

小孩子还是让他天真一点比较好。小孩子一天到晚都开开心心地"傻乐呵"，什么事情都只想浅层次的、表面的东西，就很好。

难道你希望你的孩子一张口就是《孙子兵法》？一张口就是孔子曾经说过……老子说过……这还是个孩子吗？

所以，做家长的第一要学会知足；第二要学会欣赏；第三个最难学，叫作淡定。是你自己不淡定，才会挑出这么一个问题来担忧。

其实孩子让家长可担忧的地方很多，比如整天打人，或者根本不学习。你的孩子不打人，又很爱学习，跟父母关系又很好，没什么问题。而这时你却觉得，不行，他的思考不够深刻！所以，放松一点，孩子思考不需要那么深刻，而且显得很深刻也没有什么好处。

如果你真的想培养孩子某一方面的特长，或者希望孩子能够做得更好，你就让他在做事时头脑中获得更多的多巴胺奖励，这就够了。这就是孩子成长的基本原理。一个人爱做一件事，是因为他头脑中获得了多巴胺奖励。但父母却在孩子旁边告诉他："你光喜欢做这个可不行，你得喜欢做那个。"你是在打击他。

思想深刻是对哲学家的要求，对孩子来说，这个要求太高了。从这件事中就能看出，你的孩子在做别的事时不可能获得比较多的多巴胺奖励，这是因为妈妈在他身边是一个负能量的来源，而不是正能量的来源。你天天在他面前表现出的都是担忧、害怕、还不够好，想想看，孩子做什么事能深入下去呢？

提问

我觉得我的孩子太淡定了，他对我说："妈妈，我就想做一个平凡的人。"

我对他说:"平凡不等于平庸。"我该怎样引导他?

樊登解答

你让孩子好好成长就好了,孩子的思想能不能深刻,跟你现在使多大劲儿没有任何关系。你越使劲,孩子就被你搞得越来越平庸,因为他在做事时根本找不到乐趣。所有的事情妈妈都先一步替他想到了,并且把它变成了作业。你使的劲儿越大,孩子越是不爱做这件事。

提问

所以我们还是要先激发孩子的兴趣点对吗?

樊登解答

你不要破坏孩子的兴趣就好了,不用总是想着怎样去激发孩子的兴趣。家长就是不做点什么就觉得不行,对吗?你拿出大量的时间做自己的事儿,过好自己的生活,让自己的思想深刻一些,让自己的生活变得更有趣,孩子自己就跟上来了。

你每天都在琢磨,我怎样激发他呢?我得想个招,再刺激一下他。你下这么大的功夫,非要把孩子变成你的附庸吗?只要你自己越来越好,孩子就能够看到楷模。当孩子的表现给你带来惊喜的时候,你要发自内心地享受这件事,发自内心地享受孩子给你带来的快乐和满足,他才能分泌更多的多巴胺,才能够开心,才会愿意把这件事做下去。

我为什么在前面用了"得寸进尺"这个词？就是因为大量的父母总是"不知足"，在孩子做了对的事时，父母觉得，看起来有机会呀，我应该再使一把劲儿，这就会把所有事情都变成作业。所以，家长放松一点，孩子会更好。

成长觉醒关键词：亲子关系

13岁女儿和爸爸相处有压力，该如何调整家庭关系？

提问

我女儿13岁，我们母女关系比较和谐，但女儿跟爸爸相处总是感到压力特别大。孩子跟爸爸沟通一些事情，经常哭着收场。然后她会跑过来告诉我："妈，你去跟爸说，我没法跟他说。"当我跟我爱人沟通过后，我爱人又会对我说："我没法跟你闺女说。"

但我知道我老公是很爱女儿的。我女儿喜欢画画，他会经常把女儿的作品发在朋友圈，看到别人点赞后，就会发自内心地感到自豪，会夸赞女儿。

所以，我该怎样对女儿做一些心理辅导，并改善他们的父女关系呢？

樊登解答

我感觉你的家庭关系没有那么痛苦,你跟你的女儿关系很好,爸爸也很爱女儿。

生活不是完美的,首先你要接纳生活的不完美,多去看看现在家里好的地方。你的老公不是一个很糟糕的老公,女儿跟爸爸也有感情,这是我想对你说的第一点。

第二点,如果你非得说,我就是想好上加好,其实是你给自己带来了非常沉重的负担。因为,当你把这个问题解决掉以后,还会有别的问题。生活当中不可能永远都没有问题,所以首先要扭转你看问题的方式。你能够看到自己幸福的一面,把这些"小矛盾"当作美好的拌嘴。然后,将来女儿上大学,离开这个家的时候,你会回忆父女俩拌嘴时那个美好的画面,这就是很好的一件事。

如果你真的很想改变你的老公,最好的方法是给他一些肯定,鼓励他。在他做了对的事情时,给他一些激励,告诉他这是对的。他得到了这样的回应,就会更有动力去坚持学习,坚持改变。他嘴里说着你闺女怎样怎样,咱闺女怎样怎样,这就是他的习惯,有什么不行的呢?这其实是夫妻间另一种温馨的沟通而已,没关系,能接受。

你跟女儿也可以多聊聊天,多讲讲爸爸的好处。但是有一个原则,夫妻俩不要同时批评孩子。如果爸爸批评孩子,妈妈跟着一块批评,就变成了"混合双打",家里的氛围就很糟糕,孩子的感受就会非常不好。一个人说,另一个人闭嘴就好了。也不要当孩子的面说老公你这样说不对，可以转过头两个人聊天时再告诉他。

提问

我老公觉得女儿还有很多达不到要求的地方，但他跟女儿沟通不了，就让我去扮演这个沟通的角色，这让我感到压力很大，我该怎么办？

樊登解答

你可以试一下这样做，不要给你的老公提任何建议，因为你给他提的任何建议都是批评。人与人之间提出任何建议，在对方听起来都是批评。你可以试着向他提问：那你觉得怎么做更好呢？你有什么想法？上次是怎么说的？是什么让它出现了反弹？

他说出一个理由时，你不要说，你别找借口，那是你的问题。不要批评他，而是要倾听，然后反映感情。什么是反映感情？你可以说，确实不容易，孩子长大了很难管，那咱们怎么办？用这种潜移默化的方式，他就找到了责任，他就会去努力地思考和改变。

孩子总对父母大喊大叫怎么办？

提问

我的孩子总是不会好好说话，我一跟他说话他就大吼大叫。

第8章 成长的觉醒

有的时候我们讨论的并不是什么大事,但是不知道哪句话就把他惹毛了,特别生气地朝我们嚷嚷。每次看到他这个样子,我也忍不住发火。我该怎么做,才能让家里每天不再这么吵闹,彼此都心平气和?

樊登解答

这个问题已经很严重了,你的孩子可能有点抑郁了。抑郁的标志就是"不对称"——小小的一件事,本来不应该让人那么生气,但是他会因为这件事暴怒。林黛玉就是这样,树上的一片叶子掉下来了,她就难过、哭泣。

一般来讲,孩子是不太敢吼父母的,但是当他得了抑郁症的时候,就会因为一个小小的事情爆发,对父母大喊大叫。如果这时候按照那些所谓的建议打他,让他知道不能吼父母,结果就是他可能不吼了,但他的精神会很痛苦。

我觉得如果家里有条件的话,去带孩子看一看心理医生;没有条件的话,至少可以先不吵架。父母先做到不和孩子吵架,躲开、平息、冷静。

孩子之所以这样吼你,我猜你以前也没少吼过他。如果你以前从来都不吼他,对他很好、很温柔,他又是跟谁学的大吼大叫呢?中小学生抑郁的比例是非常高的,你的孩子也许开始走入这个状态了。所以,对待孩子要温柔点,好好和他聊聊天。洗心革面,重新做家长,这才是解决这个问题的有效方法。

成长觉醒关键词：教养分歧

我对女儿比较宠爱，但我的老婆经常对女儿大喊大叫，我该怎样劝导她？

提问

我有两个女儿，大女儿9岁，小女儿才9个月大。我在教育女儿上更宠爱一些，但我老婆总是控制不好自己的脾气。我总觉得她对女儿说话时那种吼叫的声音让女儿感到很不安，同时作为父亲，我也感到很不安。慢慢地，女儿也开始有了对抗妈妈的意识，而我老婆也产生了危机感，但我不知道该怎样去开导她，怎样去说服她，让她控制好自己的脾气。

樊登解答

我推荐一本书，叫《母爱的羁绊》，这本书是专门讲母女关系的。这本书里讲到，一个女人这一辈子最难处理的关系，就是母女关系。母女关系要比婆媳关系难处理得多。如果你的妻子总控制不住自己的脾气，首先要反思一下她和她妈妈的关系。我能问一下你的妻子跟她妈妈的关系怎么样吗？

提问
我的老婆从小就失去了妈妈，我该怎样帮助她？

樊登解答
是母爱的缺失导致了她有这方面的焦虑，如果她没有很好的母爱来源，那么她就很难处理好自己和女儿的关系。同时，她又很希望女儿变得特别优秀。多优秀呢？像她想象的那样优秀。这样一来，结果就是女儿会成为她的"敌人"。将来女儿所有的痛苦，都会怪罪在妈妈身上。女儿会说，都是你逼的，然后母女间相爱相杀。

很多母女之间的关系都是相爱相杀，不见面的时候想见面，见了面就吵架，吵完架就内疚，这是一件令双方都极度痛苦的事。

而且，如果母亲让女儿变成这样的状态，那么女儿将来跟她丈夫的关系也会出问题，这会形成一个连锁反应，导致这个家族一代一代都会产生大量的痛苦。

如果你的妻子愿意，可以请她和女儿一块儿听我讲的《母爱的羁绊》这本书，然后向女儿道个歉，再和女儿一起定一个计划，告诉孩子，妈妈以后不大喊大叫了，咱们好好说话。一个人只有理解了自己为什么会发脾气,才能够减少发脾气。

你要帮助你的妻子去理解她和她妈妈的关系,不要责怪她。虽然她的妈妈很早就去世了,但妈妈给她的爱依然还在。

成长觉醒关键词：电子产品

怎样控制初中孩子看手机？

提问

我的孩子现在上初中了，总是抱着手机不撒手。从早上睁开眼之后到晚上闭上眼之前，不论是吃饭还是上厕所，都一直在玩游戏，甚至学习的时候都不停地看手机。我们应该怎么控制他看手机的时间，让他回归正常的生活？

樊登解答

我的建议你听了肯定不同意，控制不了就不控制。我的孩子上初中，我就给他手机，让他自己管好自己。我会对他说："你的人生是你自己的，爸爸只能告诉你我担心的事。第一，我担心你近视;第二,我担心你被手机控制,如果你被手机控制了,那你今后就自己说了不算,天天只想着玩手机了。"这就是我给嘟嘟手机的时候对他说的话。后来他一直用手机,但到现在他的视力都很好,学习成绩也很好,没有玩手机成瘾。

打游戏其实不容易成瘾,那些打游戏成瘾的人都是因为没有时间打游戏。成年人可以随便打游戏,他们没人控制,却没成瘾。这说明什么?说明游戏其实没那么好玩,甚至做游戏的公司都担心他们的游戏吸引不到人。但是,由于孩子们没有机会去体验游戏不那么好玩这件事,所以他们永远都觉得游戏很好玩。这就叫作认知失调,这个概念来自我讲过的一本书,书名叫《社会性动物》。

如果你认为自己的孩子不像我的孩子那么自觉,你们之间可以针对使用手机进行约定。如果孩子偶尔不小心违反了约定,请你包容一些,因为包容能让他进步。如果孩子一违反约定你就说:"你不配我对你的信任,我现在要收回手机!"那就出问题了。一个好的家庭,最重要的是不吵架,每天都说说笑笑、开开心心的。开开心心的、有幽默感,是一个家庭的人能够变好的最重要的原因,所有人都进步得很快,《我们仨》里面的杨绛、钱钟书就是这样。

就算孩子从来都不遵守约定,那也是他的生活,他选择了这样的生活,你只负责他将来如果没饭吃的时候,回到你这里有碗饭吃就够了。他会成长得比你想象得快得多。你也许会说:"万一我努努力,他能变得更好呢?"我劝你别这样想,因为这样想没有用。你越努力，越推迟了他明白这件事的那一天——手机其实没有那么好玩，我的人生还有很多事可以做。

孩子依赖电子产品，家长很焦虑怎么办？

提问

我一直在努力控制孩子使用电子产品的时间和频率，但我发现，孩子在课余时间，比起下楼去找同学玩，更喜欢待在家里玩手机、平板电脑。看到孩子这样，我很担心孩子以后会过度依赖电子产品，这让我很焦虑，您能给我一些好的建议吗？

樊登解答

其实焦虑是一种正常的状态，从原始时代开始，人们就很焦虑，原始人不焦虑就活不到今天，他们一定要足够焦虑，才能保护自己，才愿意进步。所以，焦虑是人类进步的动力。当然，如果焦虑得太严重，发展成了焦虑症，那就麻烦了。

怎样才能管好自己的精神状态，不要走到焦虑症的状态之下呢？

我之前讲过一本书，叫《压力管理》，这本书中提到了 ABC 原理。A 是事件发生；B 是你对这个事件的看法；C 是你最后的压力状况。孩子看手机就是 A；你觉得孩子不能看手机是 B；导致的结果是你感到很焦虑，这就是 C。

很多人都喜欢通过改变 A 来改变 C。孩子看手机让你感到焦虑，那你就不让他看。那如果孩子又去偷东西怎么办？你看着他，不让他偷？如果孩子身体不好，生病了怎么办？你又要感到焦虑，要想办法解决。

生活中的问题是解决不完的，所以通过解决 A 来改变 C 是不可能的，真正有效的是解决 B。解决 B 就是指，你是怎样看待这件事的？你知道孩子喜欢看手机，但你也要知道这是一个社会的通则，现在大家的孩子都在看手机，所以，首先你没有必要那么焦虑。

其次，你想想看，看手机有没有好的地方？假如孩子完全不看手机，他跟外界就没有交流，对吧？

最后，想想看，这件事你有没有责任？你是不是看手机看得也比较多？你要想改变孩子看手机的问题，是不是要先改变你自己看手机的问题？如果能够借助改变这件事，建立你跟孩子更深入的交流，顺便学习一下怎样跟孩子深入沟通，让你们俩能够建立更好的感情，难道不是一个很好的机会吗？

所以，如果你能够换一种角度来看待发生的 A，你才能够真正改变 C 的结果。

我们要先把根上的问题解决掉，我希望你能够理解焦虑这件事，我们不能靠消灭现象来解决焦虑问题，而应该靠改变我们内心的承受力，改变我们看待事物的方法来解决。

关于你问的怎样让孩子少看手机这件事，我也有一些建议。

第一，我们得为孩子多创造一些可以玩的东西，多创造一些丰富多彩的活动，不用花很多钱，爬个山、带孩子去打打球、去动物园等。

第二个办法，我们要把孩子的注意力转移到一些更有知识性、更有趣的方向上去。比如，你跟孩子聊一些书籍之前，你自己先读书，然后再跟孩子讨论，这时候孩子才能够感觉到父母在不断地改变，父母给他带来了很多信息，他才会有跟你交流的兴趣。

最重要的一点就是，不要靠打击他来改变他的习惯。因为一个人的自尊水平越低，他越不会改变。很多父母的方法就是不断地打击孩子，他们会说，你看，你整天玩手机，以后考不上大学可没人管你。

改变一个人坏习惯的方法不是不停地责备，而是要接纳，然后寻找亮点，肯定他，提高自尊水平，他才能慢慢改变。如果孩子自己不愿意改变，你摔手机、控制他的方法，根本没用。

我希望你能先改变自己，然后跟你的焦虑和谐相处，这些都是你的情绪，它是用来保护你的。

成长觉醒关键词：网络危害

可以给五年级的孩子玩游戏吗？

提问

我的孩子上五年级，最近他痴迷一款游戏。经过询问得知，孩子班上的很多同学最近都在玩这款游戏。我可以让孩子玩游戏吗？如果让他玩了会不会上瘾，没心思学习？

樊登解答

当然可以。孩子不玩游戏，就没法社交。因为别的同学都知道，就他不知道，那他就会在同学眼中变得很怪。

游戏本身不会害人，不懂得管控自己才会害人。我们小时候家长讨论的是该不该让孩子看武侠小说，那时候大家都觉得武侠小说把孩子害了,后来讨论的又变成了该不该让孩子看电视等等。我们老是把责任推到外在因素上,但实际上这些东西都一样,它们的核心都是成瘾。

成瘾的最主要原因是头脑的压力过大。这个道理非常简单:成瘾这件事与多巴胺有关,人需要多巴胺,没有多巴胺就活不下去。什么样的人不成瘾?靠学习、写作业、做出一道难题、考试、运动就能获得多巴胺的人,因为他在生活当中有获得成就感的机会。但是我们很多家长不懂,他们在孩子写作业、考试的时候老批评孩子,老给孩子找问题、挑刺,所以孩子在干这些正常的事时无法分泌多巴胺,那他就只能跟你交换——"我考好了你给我买双鞋、给我买饮料、让我打游戏"。你会发现,打游戏多的孩子喝饮料也猛,还喜欢买鞋。原因就是这些东西都是劣质多巴胺的来源。

所以,要想让孩子避免走上获得劣质多巴胺的道路,就要给他正向的多巴胺。在孩子做作业、考试的过程当中,哪怕他成绩不好,也要看到他进步的地方;哪怕他成绩下滑了,你也要看到他在某一个知识点上的进步。你要让他始终拥有成就感,他才能够分泌很多正向多巴胺,才能够更爱学习。

举个例子,大人打麻将肯定不用报班,很快就学会了,因为这个时候没人骂他,他能够分泌多巴胺,能够开心。多巴胺是"学习激素",要想学一个东西就得分泌多巴胺。头脑中分泌不出多巴胺,就学不会、记不住。所以请记住,高压之下出学渣。

成长觉醒关键词：校园社交

孩子在学校总被老师和同学冤枉怎么办？

提问

我的孩子告诉我，他在学校里总是被同学"陷害"，总是被误会，总是被老师批评。这样的事情大概一周能发生一两次，孩子也没有什么理由能很好地跟老师做解释，这让他感到很生气。有没有什么办法可以帮助他避免这种误解？

樊登解答

我觉得最主要的问题，不在于孩子是不是被"陷害"、误解，因为误解是生活的一部分。你可以问问孩子，你有没有误解过别人？在你成长的道路上，你也误解过爸爸妈妈，对吧？所以误解是一件难免的事,你的困难在于,为什么他们误解了你,你就这么生气?这是一个需要我们去解决的问题。

举个例子,我做樊登读书,我是不是希望为大家提供更多的帮助?你觉得我做这件事有意义吗?但是也有很多人在网上骂我,他们说我是"文化贩子",还说了一大堆很难听的话。这样的事可不是一周一两次,而是一天几十次、上百次。那如果我觉得这件事特别委屈,感到很难受、痛苦,我的人生就变成天天跟别人"干仗"了。

那些在网上骂我的人,也未必都是坏人,他们可能还觉得自己是特别正义的人,这是"误解"把他们带偏了。那我还要不要继续做我认为很重要、很好的事呢?

所以你要告诉孩子,如果他希望通过樊登叔叔给他一个建议,就能让他不被人误解,那他一定会失望的。因为这个世界上误解一定是会存在的。即便将来他活到80岁,还是会有人误解他。

那我们要学习的是什么?就是被别人误解了,我们能不能笑一笑,然后说:"嘿嘿,搞错了,不是我。"

但是你要惩罚我怎么办?来吧,我替他受罚了,今天算我倒霉了,可以!

这叫作"一点浩然气,千里快哉风"。

第一,有委屈的感觉是很正常的,每个人都会有委屈,但我不会因为这个委屈而伤害自己,或者伤害别人。所以,我们要让孩子知道,被人误解以后,要学会笑一笑。然后告诉自己,又被误解了,记下来,这是人生被误解的第几百回,把它攒成素材,将来写小说用。这是人生中的重要财富。

第二，从技术层面来讲，怎样能够减少被人误解的次数呢？你要多跟别人沟通。有一本书叫《可复制的领导力》，这本书里讲了一个概念，叫"沟通视窗"。我们每个人都生活在四个"窗子"里，其中，自己知道、他人也知道的，叫"公开象限"；自己知道、他人不知道的，叫"隐私象限"；自己不知道但他人知道的，叫"盲点象限"；大家都不知道的，叫"潜能象限"。

	自己知道	自己不知道	
	公开象限	盲点象限	他人知道
	隐私象限	潜能象限	他人不知道

沟通视窗

每个人在人生发展的过程中，就是要不断地减少隐私象限，减少盲点象限，让公开象限不断地放大。当你的公开象限特别大的时候，大家都了解你，误会就会减少。所以我们要想办法跟别人多沟通，多交朋友。这方面最有效的方式是，多给别人做"二级反馈"。这一招一般的孩子都不会。

什么是"二级反馈"？所有的小孩都有一个习惯，就是喜欢挑毛病。因为孩子最容易被人挑毛病，所以他们很快就学会了挑别人的毛病。但是如果有一个小孩，突然学会了发现别人的优点，这就弥足珍贵了。比如，这个孩子对老师说："老师，您今天讲的这段真好！"虽然这位老师可能其他地方都没讲明白，就只有这一点讲清楚了，但如果孩子能这样跟老师沟通，能够去肯定老师，老师就会越来越喜欢他。

同样，如果一个孩子能够经常去肯定同学，甚至去肯定那些他不太喜欢的小朋友，身边的人才会越来越喜欢他。

我也是这样过来的，我小时候被人冤枉后也特别难受，想用头撞墙，我心里会憋着一股劲儿。我那个时候没有这样的提问机会，也没有人能够给我解答，直到 20 多岁看了《论语》，才慢慢明白其中的道理。所以，你可以让孩子试着读《论语》，早点明白这些道理，你的孩子就跟别的小孩不一样。

成长觉醒关键词：多子女家庭

二胎家庭矛盾层出不穷怎么办？

提问

我是两个孩子的妈妈，老大14岁，老二5岁，都是男孩。两年多以前，我家老大小升初，进入了一个所谓的"菜场中学"，当时我的挫败感非常强。那个时候我就特别关注老大的学习，然后老二就完全交给了保姆。就这样，老二养成了所有事必须听他的，没有人能反对他的习惯。他甚至把这样的理念带到了学校，我觉得这个问题很严重，就把重心又放在老二身上。后来，老大住校了，他到了青春期，逐渐与我疏远，我就发现我没有精力同时照顾到两个孩子。所以，我想问二胎家庭的父母如何公平分配对两个孩子的关注和教育呢？

樊登解答

我只有一个孩子,但我生长在有两个孩子的家庭,我有一个姐姐。首先,我从我的父母身上学到的一点,就是没有你那么紧张。你可能太过紧张,患得患失,整天觉得孩子随时都可能出问题。实际上,你要相信孩子的生命力。你的小儿子喜欢以自我为中心,喜欢让别人都听他的,说不定是因为他领导力很强,说不定他周围有一群小朋友都愿意跟着他,将来说不定他自己还能创业呢。

所以,你完全可以放轻松点,去做个保养,学一学画画,做一些让自己生活更精彩的事,你的孩子自然就会变得更好了。你一天到晚盯着孩子,总怕孩子会出问题,你会让孩子活得很内疚。因为孩子会觉得妈妈不开心,他自己也就不开心。孩子是特别希望父母开心的。

记得小时候,我们全家气氛最好的时候,就是大家都很高兴的时候。这种场景会在小孩子的脑海中形成非常深刻的记忆,那个画面非常美好。但如果孩子长大了,感到妈妈每天都是内疚的,他就会觉得妈妈的内疚是自己造成的,就算嘴上不承认,心里也会这样想。所以,你的内疚感会带给孩子非常大的负担。

你的大儿子跟你逐渐疏远,其实这很正常,以后只会越来越"疏远"。因为他已经长大了。你想想你跟自己的父母有多疏远?孩子长大以后,他的重心一定会从家庭转移到学校,对他来说,伙伴们更重要。将来孩子成年后,他的生活重心又会转移到社会上。所以,你要学会优雅地退出孩子的生活,然后去过自己的生活。因为,当你的两个孩子都长大以后,你的人生还有好几十年。

成长的觉醒

难道你要一直和孩子生活？你自己才是生活的主角。所以，当孩子长大以后，我们就要开开心心地找到新的节奏，找到新的生活。

第 8 章 成长的觉醒

成长觉醒关键词：青春期叛逆

高中男孩在学校违反校规怎么办？

提问

我儿子自从进入青春期后，就表现得非常叛逆，我们跟他的沟通一直都很困难。他今年 17 岁，读高二，前段时间违反了校规校纪，拒不跟老师道歉，我该怎样教导他？

樊登解答

孩子在这个时候最需要的是理解，他需要的是同盟军。你觉得谁去做他的同盟军合适？肯定是家长。家长总是站在老师的那一边，然后拼命地去批评孩子，其实只是为了给老师留下一个好印象，只是为了向世界证明，我是一个好家长。但实际上这对孩子而言是不公平的。因为孩子需要的是爱、支持和理解。

所以,不管他什么时候给老师道歉,你都可以先对他表示理解,先站在他的角度说一些话,然后肯定孩子的感受,这个时候孩子才可能会"软化"。

说实话,我个人觉得学校很多规矩是没有必要的。在我儿子跟学校发生矛盾的时候,我总是批评学校,我从来不会跟着学校一块儿骂我儿子。孩子们渴望自由,而我们的学校太不自由了。所以,孩子违规违纪的事儿是常有的。如果孩子违纪后,立刻就认了,马上向老师道歉,这孩子或许以后没什么出息。因为他没有思考,没有原则,没有生命力。如果你的孩子还能够跟老师抗争一下,说明这个孩子还有点"骨气",你应该感到高兴。所以这时候你要对孩子表示认同,然后倾听、提问。

我推荐你好好听一下我讲的《解码青春期》。青春期的孩子为什么容易暴躁?为什么那么容易发作?这是因为他的大脑在经历一个独特的生长阶段,我们过去以为,孩子在3岁的时候是大脑高速发展的时期,后来就基本不会有太多的发展。其实不是,孩子在青春期时,大脑还会再高速发展一次,所以这时候孩子的头脑会混乱,他关于欲望的这一部分会成长得非常成熟,他会跟大人一样,产生各种欲望,但控制欲望的能力还没有发展出来。换句话说,就是前额叶皮质还没有发育好。所以,面对青春期的孩子,我们需要更有耐心,更加包容,更善于倾听和提问,更加能够表达共情,才能帮助孩子顺利地度过青春期。

《解码青春期》这本书的作者是哈佛大学的教授,但他曾是一个非常叛逆的少年，叛逆到每个寄养家庭都不敢要他。他曾犯过罪，进过监狱，直到后来他遇到了一位养父。

有一天晚上，他因酒驾被警察抓到了派出所。他的养父来接他时，他就表现出一副桀骜不驯的样子。因为他有一副"铠甲"，这副"铠甲"就是一直盘踞在心中的一个想法："我就是这样，你们能把我怎么办？"

这时候，他的养父帮他支付了保释金，然后带他回家。在路上，养父说了这样一句话："我知道，你视自己为一个麻烦，但我们视你为一个机会。"听到这句话后，他就哭了，他被"软化"了。就是这句话改变了他的人生。他在这位养父家里一直住到上大学，他考上了哈佛，后来成为哈佛的教授。

所以，面对青春期的叛逆孩子，只要有一句话对孩子产生了共情，让孩子真正理解了，这就够了。

有些家长会觉得，如果我支持孩子，不就成纵容了吗？其实，也有很多老师是我的听众，我希望有更多的老师在听了我讲书以后，能稍微变得宽容一些，能够更讲理、更快乐。这样，在教导青春期的孩子时，也能够更轻松，更容易和孩子成为朋友。

成长觉醒关键词：养育焦虑

儿子与我稍微一有冲突我就很焦虑，是我有问题吗？

提问

我的儿子正在上初二，我只要看到孩子有一点小问题就感到很焦虑。但责骂过儿子后，我会感到很自责。比如，我想带儿子一起来听您的讲座，我就跟他约好早上7点半出门。但因为那个时候他正在打游戏，当我临时说我们提前一点走时，他就很不情愿。后来，我儿子坐在地铁上玩手机，就坐过站了，我就提醒他，他又表现得很不高兴。这个时候，我的情绪波动会很大，我该怎样调整好自己的状态，去面对儿子给我的反馈？

樊登解答

我看到你的儿子坐在这里很听话，没有玩手机，一直在很认真地听讲。所以，是你自己太焦虑了。一个家庭里，声音越大的人，越没有权威。因为，他只有靠抓狂、大喊大叫，才能获得一点点影响力。

我带我的儿子到小区里散步，小区里有很多树，我就问我的儿子："嘟嘟，你看为什么有的树长得直，有的树长得弯？"

我儿子说："因为长得直的树有人修剪，长得弯的树没人修剪。"

我又问儿子："那你知道爸爸为什么有的时候会纠正你的一些行为吗？"

他说："你在修剪我。"

你用这么一个简单的比喻，就能让孩子理解你的行为。所以，孩子其实是非常懂道理的，反倒是很多大人有很多错误的行为，但他们自己不知道。

孩子的大部分错误，是因为我们没有花时间训练、鼓励他们才出现的，而正是这些错误给了我们弥补和改正的机会。

在养育孩子时，我们必须格外注意，清晰地向孩子表达我们的想法。赢得孩子认同的最好方式，是以相互尊重、相互平等的态度来解决问题。

成长觉醒关键词：价值观

孩子获奖后骄傲自大，怎样让他从过去取得的成就中清醒过来？

提问

我的儿子上高中后得了全国数学竞赛二等奖，之后他就沉浸在获奖的成就感中无法自拔，总觉得自己的数学特别厉害。我儿子后来高考数学也几乎满分，但我担心孩子变得骄傲自大，怎样才能帮他从过去取得的成就中清醒过来？

樊登解答

我当年最受教训的一件事，就是得了国际大专辩论赛冠军。得了冠军后，我就觉得我的人生从此会变得不一样。但回到学校的第一天收到的通知是教务处发来一条信息，让我去参加补考。

这时候我就发现，我的冠军头衔对于别人来说一文不值。

社会不会因为你得了一个小小的奖，就会重新对待你。居里夫人在得了诺贝尔奖后，把两个奖牌给自己的女儿当玩具玩。只有小孩子才会重视奖牌，对吧？所以，如果你的孩子特别重视那个奖牌，说明他活得很天真、很愉快，还在高中生的那个年龄当中，希望别人看到他的奖牌后会高看自己一眼。

这就是我们常说的"固定型"心态。孩子觉得奖牌能够证明一些东西，但实际上，奖牌证明不了什么。如果孩子躺在全国数学竞赛二等奖上不停地回味，那就"伤仲永"了。"小时了了，大未必佳"，泯然众人矣。

所以，我们要让孩子把奖牌的事儿放在一边，然后去干现在该干的事儿，给自己创造一些新的成绩。当然，取得成绩的目的不是炫耀给别人看，而是为了丰富自己的人生，让自己的人生物有所值。

提问

我的孩子在生活中也有很多其他兴趣爱好，比如钓鱼、骑车、赛车等。但是他能拿得出手的只有数学，我担心他喜欢的数学和其他这些爱好以后都对他的职业发展没有帮助，我该怎样启发他寻找更好的目标？

樊登解答

你孩子的爱好其实还不够广泛，这些爱好主要是玩儿。从你的描述中，我感觉你的孩子其实跟很多爱玩儿的年轻人没有什么不同，只不过是一个数学比较好的爱玩儿的年轻人。所以，你要让孩子接受自己是个普通人，然后用谦虚的心态努力地去探索更多未知的领域，他才能真正变得与众不同。"与众不同"应该是别人给予的评价，而不是自己对自己的评价。告诉孩子，不要虚度了自己的光阴，这一点非常重要。

成长觉醒关键词：学习辅导

孩子上初二后开始厌学怎么办？

提问

我的孩子之前还能跟着学校的节奏正常上课，进入初二后，突然就不想上学了，学校老师也多次向我反映孩子在学校跟不上学习进度的情况，我该怎样跟他沟通？

樊登解答

这个时候就别沟通了，你应该问的是，作为家长，你要做哪些改变，因为你之前的想法不对。你之前肯定总是逼着孩子学习，认为孩子学习就是要吃苦。事实上，学习是一件很快乐的事儿。如果你不能帮助孩子很快乐地学习，你最好离他远点儿。因为你会给他带来焦虑,而焦虑是学习最大的敌人。

作为家长,要如何做出改变呢?

第一,要学会跟孩子有礼貌地说话,不要大喊大叫,不要老骂人。

第二,要让孩子掌管自己的生活,允许他往下走一段。因为当孩子掌管自己的生活以后,他一定会往下走一段,他会觉得,太好了,可以玩游戏了,然后就会退步。如果孩子没有往下走的经历,他是不可能往上走的。我们为什么到上大学以后才慢慢学会自己学习呢?大家都是经过大一拼命地玩儿之后,发现老玩儿不行,老玩儿也没意思,才开始学习。所以,要让孩子掌控自己。

第三,给你自己找点目标,自己多做点事儿,让自己成为一个更厉害的人。我们总担心孩子长大以后"啃老",但我可以告诉你,像你这样整天盯着孩子学习,整天跟孩子吵架,最后的结果是,他必会"啃老"。很多考上重点大学的孩子,毕业后照样"啃老",为什么?因为他没有任何自我发展的动力。请各位家长想想看,直到今天,你们当中有多少人是内心真正有动力做事的?很多人一上班就想摸鱼,一上班就焦虑,一到周五就高兴,一到周日下午就莫名地生气,为什么?因为我们从小就习惯了被人逼着做事,这才是"要命"的问题。但我们从不认为这一点很重要,我们只认为考上好大学很重要。很多孩子都是考上大学后就开始玩,在大学里打游戏,父母管不着,毕业后打游戏,父母也管不着。很多年轻人一边工作一边啃老,因为月薪太低,实在养活不了自己。

所以，你要多激励自己，但不要总想着激励孩子。对孩子而言，最重要的是调动、培养、观察、赋能、授权，让孩子掌控自己的生活。要记得，我们只是孩子的副驾驶员，而不是他的驾驶员。

参考文献

[1] 阿尔弗雷德·阿德勒. 自卑与超越 [M]. 杨颖，译. 杭州：浙江文艺出版社，2016.

[2] 阿尔弗雷德·阿德勒. 理解人性 [M]. 李欢欢，译. 北京：中国人民大学出版社，2017.

[3] 埃丝特·沃西基. 硅谷超级家长课 [M]. 姜帆，译. 北京：机械工业出版社，2021.

[4] 艾莉森·高普尼克. 园丁与木匠 [M]. 刘家杰，赵昱鲲，译. 杭州：浙江科学技术出版社，2023.

[5] 岸见一郎. 不管教的勇气 [M]. 渠海霞，译. 昆明：晨光出版社，2018.

[6] 池谷裕二. 考试脑科学 [M]. 高宇涵，译. 北京：人民邮电出版社，2019.

[7] 达娜·萨斯金德,贝丝·萨斯金德,莱斯利·勒万特-萨斯金德.父母的语言:3000万词汇塑造更强大的学习型大脑[M].任忆,译.北京:机械工业出版社,2017.

[8] 丹尼尔·利伯曼,迈克尔·E.朗.贪婪的多巴胺[M].郑李垚,译.北京:中信出版集团,2021.

[9] 金伯莉·布雷恩.你就是孩子最好的玩具[M].夏欣茁,译.海口:南方出版社,2011.

[10] 卡罗尔·德韦克.终身成长[M].楚祎楠,译.南昌:江西人民出版社,2017.

[11] 马克·沃林恩.这不是你的错:海灵格家庭创伤疗愈之道[M].田雨馨,译.北京:机械工业出版社,2017.

[12] 梅拉妮·米歇尔.复杂[M].唐璐,译.长沙:湖南科学技术出版社,2018.

[13] 乔希·西普.解码青春期[M].李峥嵘,胡晓宇,译.长沙:湖南教育出版社,2019.

[14] 日野原重明.活好:我这样活到105岁[M].甘茜,译.北京:人民邮电出版社,2018.

[15] 塞利娜·阿尔瓦雷斯. 儿童自然法则 [M]. 蔡宏宁, 译. 北京: 生活书店出版有限公司, 2022.

[16] 苏珊·福沃德, 克雷格·巴克. 中毒的父母 [M]. 许效礼, 译. 沈阳: 辽宁教育出版社, 2011.

[17] 沃尔特·艾萨克森. 列奥纳多·达·芬奇传 [M]. 汪冰, 译. 北京: 中信出版集团, 2018.

[18] 希米·康. 屏幕时代, 重塑孩子的自驱力 [M]. 张晶, 译. 上海: 上海社会科学院出版社, 2023.

[19] 于尔根·奈佛. 爱因斯坦传 [M]. 马怀琪, 陈琦, 译. 北京: 中央编译出版社, 2018.

[20] 约翰·惠特默. 高绩效教练 [M]. 徐中, 姜瑞, 佛影, 译. 北京: 机械工业出版社, 2018.

[21] 樊登, 帆书团队. 孩子天生爱学习: 樊登给中国父母的成长之书 [M]. 北京: 中国友谊出版公司, 2023.

[22] 樊登. 可复制的领导力: 樊登的 9 堂商业课 [M]. 北京: 中信出版集团, 2017.

[23] 樊登. 陪孩子终身成长 [M]. 北京: 中国友谊出版公司, 2020.

[24] 王小骞. 妈妈知道怎么办 [M]. 长沙：湖南教育出版社，2020.

[25] 威廉·斯蒂克斯鲁德，奈德·约翰逊. 自驱型成长 [M]. 叶壮，译. 北京：机械工业出版社，2020.

[26] 杨眉. 藏在成语中的心理学 [M]. 上海：上海三联书店，2023.

[27] 朱永新. 教育的减法 [M]. 北京：中信出版集团，2023.